载驰载驱

中国古代车马文化

孙机 著

上海古籍出版社

图书在版编目(CIP)数据

载驰载驱:中国古代车马文化/孙机著.—上海:
上海古籍出版社,2016.8(2024.1重印)
ISBN 978-7-5325-8176-4

Ⅰ.①载… Ⅱ.①孙… Ⅲ.①车马器—文化研究—中
国—古代 Ⅳ.①K875.34

中国版本图书馆 CIP 数据核字(2016)第 175934 号

载驰载驱
——中国古代车马文化

孙 机 著

上 海 古 籍 出 版 社 出版发行
(上海市闵行区号景路159弄1-5号A座5F 邮政编码201101)
(1)网址:www.guji.com.cn
(2)E-mail:guji1@guji.com.cn
(3)易文网网址:www.ewen.co
上海中华商务联合印刷有限公司印刷
开本 710×1000 1/16 印张 11.25 插页 7 字数 140,000
2016 年 8 月第 1 版 2024 年 1 月第 4 次印刷
印数:7,301—8,350
ISBN 978-7-5325-8176-4
K·2229 定价:48.00 元
如有质量问题,请与承印公司联系

目　录

始皇陵 2 号铜车对车制研究的新启示

　　1983 年 3 月间，承蒙临潼秦兵马俑博物馆和秦俑考古队惠予便利，笔者有幸对 1980 年冬在始皇陵封土西侧发掘出土、此时修复工作已近完成的 2 号铜车进行了初步考察。这一组古文物瑰宝，不仅气魄恢宏、工艺精湛、装饰华焕，而且造型极其严谨、准确（图 1－1）。全副鞍具，包括像繁缨这样的细节，都用金属逼真地复制了出来。有些从前认不准的车器这次找到了归属，有些从前感到扑朔迷离的记载这次也被澄清，并用具体形象生动地阐明了。在过去发掘的瘗真车马的陪葬坑中，这些部件却大都朽失无存。因此可以认为，2 号铜车的出土，无疑将使古车制的研究推进到一个新阶段。最近又获读此次发掘之尚未发表的简报，进一步弄清楚了一些问题，因志其一得之见，以求正于同志们。不过由于始皇陵并未正式全面发掘，有关葬仪、葬式的许多问题尚不明了，目前只能就车论车，先对它本身的形制作些探讨。

　　2 号车的一条辔绳末端有朱书文字"宎车第一"。首字微渺，简报未释。按古玺文"安"字作 （《古玺汇编》页 1448）、（同上书页 4348），故此字应是安字。而 2 号车的御者又坐于前舆，证以《续汉书·舆服志》刘注引徐广"立乘曰高车，坐乘曰安车"的说法，则此车应为安车；但此车有容盖衣蔽，车型又当属于辎、轺之

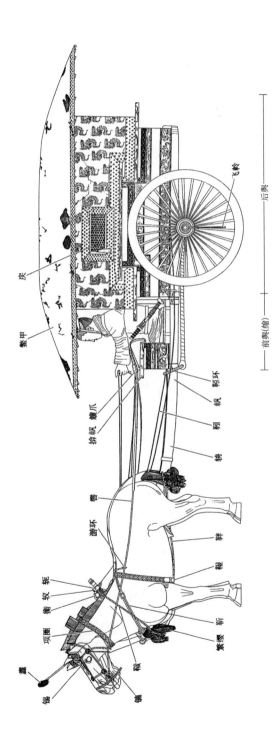

图1-1 始皇陵2号铜车

类。辒、辌二车，车型相近。《释名·释车》："辒、辌之形同，有邸曰辒，无邸曰辌。"《宋书·礼志》引《字林》亦谓："辌车有衣蔽无后辕，其有后辕者谓之辒。"这两种车在汉画像石和壁画中都有很清楚的表现（图 1-2），并有车旁榜题为证①。将它们的形制与 2 号车比较，其相同之处不难立辨。但在一般印象中，总觉得辒、辌是妇女乘坐的。《汉书·张敞传》："君母出门，则乘辒、辌。"汉代的出行图中，乘辒车的也多是妇女②。其实这种车男子也可以乘坐。《汉书·张良传》记张良对刘邦说："上虽疾，强载辒车，卧而护之。"这里的辒车正是《释名》所谓"载辒重卧息其中之车"之意。汉高祖与秦始皇的时代相近、地位相当，两人出行卧息也可能用同类型的车。

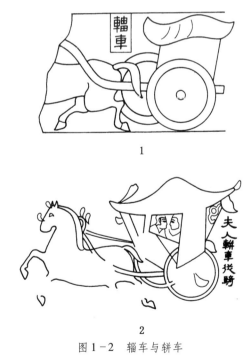

图 1-2　辒车与辌车

1. 潘祖荫旧藏汉画像石中的辒车　2. 和林格尔汉墓壁画中的辌车

所以 2 号车单从坐乘这方面来说，可以认为是安车；而从车箱构造这方面来说，又可认为是辎车。《古列女传·齐孝孟姬传》："妾闻，妃后逾阈，必乘安车辎軿。……今立车无軿，非所敢受命。"可见辎軿可以包括在安车类型中。大抵安、立，辎、軿，轺、轩，辒、辌等车的分类标准各不相同，其中有些名称是互相交叉的。如《汉书·平帝纪》："立轺併马。"则轺车可立乘，应为立车之一种；又《霍光传》颜注："辒、辌本安车。"则辒、辌又均为安车之一种。《左传·襄公二十三年》所记齐国战车有先驱、申驱、贰广、启、胠、大殿等，但这些不同的名称可能只是依据它们在战阵中所居位置之不同而区分的，并非各自代表一种独立的车型。所以一辆先驱车，同时又可能是一辆辎车；而一辆申驱车，同时又可能是一辆轻车。鉴别 2 号车的车型时，也宜考虑到这种情况。

2 号车车箱两侧有可推启之窗，可能就是《说文》所称之戾。《户部》："戾，辎车旁推户也。"《说文》下定义时遣词很有分寸，它不说戾是窗子，而说是推户。这是由于窗的本义是"通孔也"③。窗字亦作"囱"。王力先生谓："囱指天窗，即在帐篷上留个洞，以透光线。"④可见窗子上起先是不装窗扇的，即使后来装了窗扇，直到唐代以前也多为固定的，不能开启。而户却有可开合的"户扇"即扉。因此，辎车侧面的推窗也只得称为"推户"了。2 号车的戾上还镂出了很细密的菱形孔洞（图 1－3：2），应即古文献中所称之绮寮或绮疏。如，《西京赋》"交绮豁以疏寮"，《魏都赋》"瞰日笼光于绮寮"，《古诗十九首》"交疏结绮窗"，《后汉书·梁冀传》"窗牖皆有绮疏"，皆指此种镂孔纹样。因为寮是"小空也"，疏是"刻穿之也"⑤，而绮则如《释名·释采帛》所说："绮，攲也。其文攲邪，不顺经纬之纵横也。"据出土古绮标本观察，其织纹多呈菱形，也有呈复合菱形的，即所谓"杯文绮"⑥（图 1－3：1）。后者与 2 号车戾

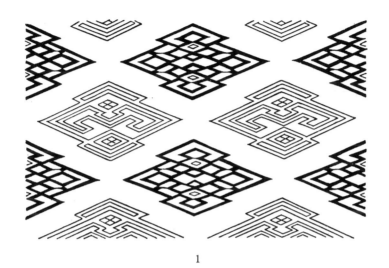

1

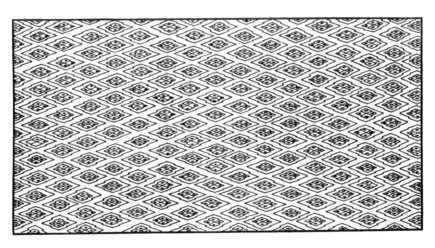

2

图 1-3 绮与绮寮

1. 马王堆 1 号汉墓出土的杯纹绮 2. 2 号铜车的绮寮

上镂孔的形状更为接近。这种式样的镂孔窗扇战国时已经出现。《楚辞·招魂》称"网户"，王注："网户，绮文镂也。"即是此物。但在汉代明器陶屋的窗子上反而不太常见，那上面往往只有直棂、斜格、穿壁等较简单的图案。虽然河南陕县刘家渠汉墓出土的陶仓楼在腰檐的栏杆上出现过与2号车舆相近之菱形镂孔[⑦]，却也做得很粗疏。2号车舆上的绮寮为古建筑外檐装修的细部结构提供了例证。

2号车在车箱后方开门，与《周礼·巾车》"良车、散车"郑注"谓若今辎车后户之属"之说合。其左侧门颊装银质拐形门栓（图1-4：1），应名为银户钥。《方言》卷五："户钥，自关而东陈、楚之间

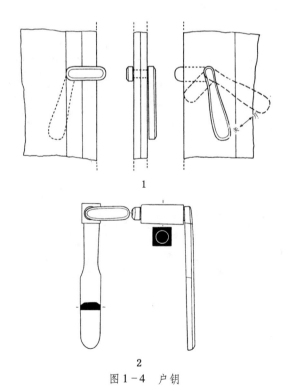

1

2

图1-4 户钥

1. 始皇陵2号铜车(左.外视 中.侧视 右.内视) 2. 满城2号汉墓出土

6

谓之键，自关而西谓之钥。"《礼记·月令》："脩键闭，慎管籥。"郑注："管籥，搏键器也。"可见它是一种有搏键装置的栓门之具。清·朱骏声说："古无锁钥字，凡键具皆用木不用金。"⑧所以楗⑨、键，籥、钀⑩、钥诸字可互通。户钥在满城1、2号汉墓中均出。2号墓所出者由内挡（或即键）、转轴与轴套（或即管）、把手（或即钥）三部分构成⑪（图1-4：2）。因此它亦可名为"管键"（《周礼·司门》），户钥则是其通称了。而对于车来说，只有辒、辌等车型才有后户，才能装户钥。此物既然在满城1号刘胜墓出土，说明他亦用辒车类型的车从葬，这又可以作为男子乘辒车的一项旁证。

2号车除金、银零件外，整体用铜制，惟于车盖上附有一层丝织物，当即《说文·巾部》"幰，盖衣也"之幰。车盖之有盖衣犹车杠之有杠衣，盖衣当蒙覆于盖上。但此车已有铜盖，不便再加铜幰，所以盖衣就直接用丝织物制作了。此车之盖呈椭圆形，顶部隆起，近似所谓鳖甲⑫。它随车之纵深延长，这是因为其车箱为重舆，车盖要遮住前、后两节车舆之故。《隋书·何稠传》载："旧制：五辂于辕上起箱，天子与参乘同在箱内。稠曰：'君臣同所，过为相逼。'乃广为盘舆，别构栏楯，侍臣立于其中。于内复起须弥平坐，天子独居其上。"《旧唐书·舆服志》："玉辂，青质，以玉饰诸末。重舆。"从这些记载看来，似乎隋唐之辂才用重舆。其实早在秦汉的辒车上就能看到这种形制。山东福山东留公村出土的汉画像石中之辒车，车箱分割为前后两部分，主人坐于后舆，御者在前舆（即缩或育）中执策驭马⑬（图1-5）。2号车也是这样。不过此车的御者双手执辔，不像福山画像石的御者手中还拿着策。但2号车的策也出土了：铜质，竿形，带节，前端有短刺（图1-6）。过去除了在画像石上看到代表策的一根线条外，出土的实例很少⑭，一直不曾了解其细部构造，所以对于古文献中有关马策的记载不尽了然。《淮南子·道应》说：白公

图 1-5　山东福山出土汉画像石上的重舆辎车

"罢朝而立，倒杖策，镦上贯颐"。高注："策，马捶。端有针以刺马，谓之镦。倒杖策，故镦贯颐也。"倒挂杖策竟能将面颊戳穿，虽高注言之凿凿，读起来仍感费解。这次看到 2 号车上装刺的策，才知道白公是被它刺伤的[15]。此物亦名筲，《说文·竹部》："筲，羊车驺棰也。着箴其端，长半分。"由于《释名》说羊车是"善饰之车"，所以段玉裁注筲字时谓"善饰之车，驾之以犊，驰骤不挥鞭策，惟用箴刺而促之"。按段说不尽准确，因为刺即镦本来就装在策上，不挥策何以用箴促马？ 而后代驱马所用之鞭，古代却主要用于殴人。《尚书·舜典》："鞭作官刑。"《左传·襄公十四年》："初，公有嬖妾，使师曹诲之琴，师曹鞭之。公怒，鞭师曹三百。"又《哀公十四年》："成有司使，孺子鞭之。"《周礼·条狼氏》："条狼氏掌执鞭以趋辟。"郑注："趋辟，趋而辟行人，若今卒辟车之为也。孔子曰：'富而可求，虽执鞭之士吾亦为之。'"孙诒让疏："鞭所以威人众，有不辟者，则以鞭殴之。"经典所记，鞭多用于人，罕用于马。《韩

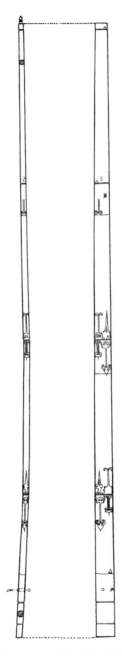

图1-6 2号铜车上的策

9

非子·外储说右下》说:"操鞭使人,则役万夫。""代御执辔持策,则马咸骛矣。"将鞭与策对举,其用途的区别更是一目了然。故先秦、两汉之御车者一般并不挥鞭。所谓"左执鞭弭"等说法,乃是假殴人之具以棰马。唐以后,驱马始多用鞭,而装镞之策遂渐次隐没不见[16]。

此外,2号车舆下的当兔和伏兔也值得注意。当兔位于𫐐、轴交会处。以前只见《考工记·𫐐人》中有"十分其𫐐之长,以其一为之当兔之围"的记载。戴震《考工记图》以为"当兔在舆下正中";然而实物未见,在这里是第一次被发现。至于伏兔,在西周车上多呈屐形或长方形,有时其一端且楔入轮舆之间的笠毂之套管中[17]。然而宝鸡茹家庄西周墓出土的笠毂之套管只做出上半边,呈覆瓦状[18],已不能约束伏兔。至战国时,笠毂更变成一端钉在伏兔上、另一端遮在毂上的扁平饰片[19]。2号车上的笠毂承袭了这种作法,也只是一片从伏兔外侧接出来的板状物。而伏兔的断面近似梯形,上平以承舆,下凹以含轴。其状与清代戴震、阮元等人的推测颇相合[20]。戴、阮等用这种形制解释《考工记》中的伏兔,虽未能尽合,但对秦车的伏兔来说,却是言而有中了。

2号车车轴两端穿入毂中,毂长33.5厘米(图1-7)。如以铜车为真车缩小二分之一的模型,则实物约长67厘米。《诗·秦风·小戎》中提到"文茵畅毂",毛传:"畅毂,长毂也。"2号车的毂算得上是畅毂了。畅毂延长了轮对轴的支撑面,行车时可更加平稳而避免倾覆。但长毂容易在两车相错之时互相碰撞,被称为毂击(《晏子春秋·内篇杂下》)、辖击(《战国策·齐策》)或简称为𨉛(《周礼·野庐氏》、《说文·车部》)。这许多的专用词汇也反映出行车时此种情况经常会发生,所以孙子说:"军行患车辖之。"[21]战国战车有时"尽断其车轴末"[22]。可见战国战车开始采用短毂。但长、短毂

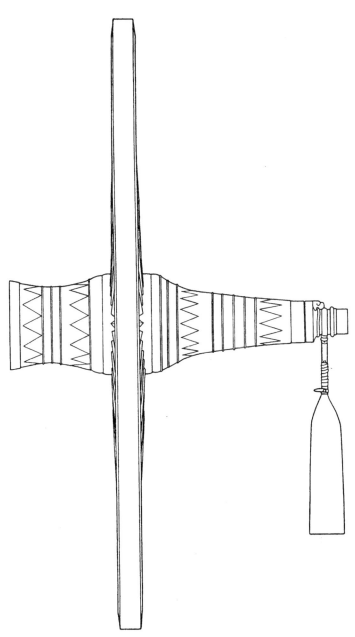

图 1-7　2 号铜车上的毂、辖与飞軨

各有利弊，亦即《考工记》所谓："短毂则利，长毂则安。"2号车采用长毂，是出于行车安稳的考虑。2号车之毂饰以弦纹和锯齿纹，当即代表《周礼·巾车》"孤乘夏篆"、《考工记·轮人》"陈篆必正"之篆。先、后郑都把篆解释为毂约。毂约又称軝约。《说文·车部》："軝，长毂之軝也，以朱约之。"《广雅·释诂》："约、缚，束也。"此字或从革作𩊚，即《轮人》中提到的帱革。用它束于毂周，即《诗·小雅·采芑》孔疏所说："以皮缠束车毂以为饰，而上加以朱漆。"其实毂本用木材制作，缠革涂漆是加固之需，并非单纯为了装饰。太原金胜村251号春秋墓之车马坑所出8号车，其毂之軹端向里有八道凸起的环棱。制车时曾在环槽中施胶，缠以八道皮革，干后再打磨涂漆，从而增强了车毂的坚固程度。这是古车陈篆的实例[23]。始皇陵2号车之毂以弦纹和锯齿纹为篆，仍接近缠缚皮革所形成的纹理。此外，2号车在毂端的軎上还系有幡状飞軨。《急就篇》颜注："路车之辖施小幡者，谓之飞軨。"这种形制在这里得到了印证。《续汉书·舆服志》说，皇帝车上的飞軨要画苍龙白虎等花纹。但汉画上所见之飞軨常是两条短飘带，不便再施绘画，只有呈幡状才符合需要。以前在甘肃平凉庙庄秦墓出土的车上发现过饰珠的飞軨[24]，似乎秦车颇重视飞軨。此物一般用布帛制作，不易保存，他处少见其实例。

再看鞁具。2号车之繁复精致的鞁具为研究系驾方法提供了极为宝贵的资料，许多重要的情况都是第一次在这里见到的。首先，连接在服马两轭之内軥上的两条靷绳就很引人注目。服马主要通过它来曳车，这是以前所想象不出的。《左传·哀公三年》一再提到，"两靷将绝，吾能止之"，"驾而乘材，两靷皆绝"。从前总认为服马应各有二靷，合计为四靷，所以不理解《左传》"两靷"之所指。现在才知道每匹服马均用单靷曳车，两靷已经概括了服马承力之所在。这两条靷绳的后端系在舆前的环上，此环即《秦风·小戎》"阴靷鋈续"之鋈续，郑笺："鋈续，白金饰续靷之环。"此环后部连着一条粗索，系于轴之正中（图1-8），与《说文·革部》"靷，所以引轴也"之说完全一致。而据《小戎》毛传，"阴靷"句中之阴系"掩帆也"。郑笺："掩帆在轼前，垂辀上。"孔疏："阴、掩帆者，谓舆下三面材，以板木横侧车前，所以阴映此帆，故云掩帆也。"孙诒让则称之为掩舆版。但此前在古车上总找不到合乎这种条件的部件，这次在2号车前舆的车軨上看到一块覆箕状的盖板，恰好遮掩着舆前那段较平直的辀即帆，所以掩帆正是指它而言。回过来再看以前出土的战国铜器刻纹中的车，如河南辉县赵固、江苏淮阴高庄、山东长岛王沟等处之例，遂发现其舆前也都有掩帆[25]（图1-9）。但倘若不是由2号车得到启示，只从那些简略的刻画中是难以辨认出此物的。

2号车的骖马曳的是偏套，套绳分别沿两骖内侧向后通过前轸左右之吊环而结于舆底的桄上[26]。此套绳应称为靳。《左传·定公九年》记王猛对东郭书说："吾从子如骖之有靳。"杜注："猛不敢与书争，言己从书，如骖马之随靳也。"所以靳才是骖马的套绳的名称。而靳的被认识，又使许多问题随之迎刃而解。如《小戎》"游环胁驱"之游环，旧本毛传释作"靳环"，郑笺："游环在背上，无常处，贯骖之外辔，以禁其出。"2号车之靳正在骖马背部接出一短带，带端系环，骖之外辔恰恰从此环中穿过，与毛、郑之说若合符契，故此环无疑即是游环。以前因为不认识靳，所以依通行本将游环解释为靳环[27]。但这么一来，好几种鞁具的位置都连带着发生了错乱。同时，靳的被确认，也进一步证明一乘车上只有两靷，不与轴相连接的靳并不是靷。

至于《简报》所说的套在骖马颈部而系于服马轭上、用以防止骖马外逸的缰索[28]，或即是鞧。《说文·革部》："鞧，骖具也。从革、

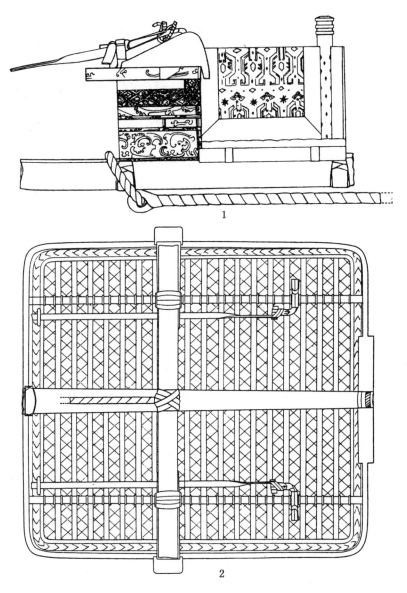

图1-8　2号铜车的前舆与后舆

1. 前舆(侧视,下部为连接在靷环上的粗索)
2. 后舆底部(仰视,图中纵向的宽界道为轴,横向的宽界道为轫,粗索末端缚在轴上)

图1-9　山东长岛出土战国铜鉴刻纹中前部有搏轵的车

蚩声，读若骍蜃。”段注：“《虫部》蚩读若骍，则此蚩声读骍宜矣。不知何以多蜃字。骍蜃连文不可通，疑当为又读若蜃也。”按《丂部》：“甹，侠也。”段玉裁说：“侠之言夹，夹者持也。经传多假侠为夹。”鞲之为用正是将骖马夹持于服马之侧。

特别出人意料的是，2号车的服与骖均自尾后牵一带经腹下系于轵或鞑上，这也是过去从未发现过的。《左传·僖公二十八年》描写晋国的军容时说：“晋车七百乘，韅、靷、鞅、靽。”其中列举出各类鞍具，用以表示晋车装备的齐全。这里面提到了一种他处很少提到的靽。据杜注：“在后曰靽。”则上述后牵于马尾之带应为靽。然而杨伯峻新注谓：“靽同绊，音半，絷马足之绳。”晋军临阵之战车不会自行系上绊马腿之绳。持此说者或引《楚辞·国殇》“霾两轮兮絷四马”为证[29]。但《国殇》之出此语，应如王注所说，是在“己所乘左骖马死，右骖马被刀创”之后；其霾车絷马，乃是表现“终不反顾，示必死也”之志，也就是下文说的“出不入兮往不反”、“首身离兮心不惩”之意。他们所面临的形势与晋军完全不同，故此说恐非是。但如果2号车上未把它表现清楚，靽为何物，则将难以理解了。

2号车的服马和骖马均在额前的络头上装金质当卢。当卢背面的垫片上有刻文，自右骖至左骖，分别为"镘右一"、"道二"、"道三"、"镘四"（图1-10）。按镘字古音属元部明母，与輓字同部同纽。《礼记·檀弓》记孔子合葬父母之前，"问于郰曼父之母"，《史记·孔子世家》中"曼父"作"輓父"。故镘当是輓之假字。《说文·车部》："輓，引车也。"经传又多假道为导，《说文·寸部》："导，引也。"所以秦车可以称骖为镘，称服为道。然而道亦训先，《文选·赭白马赋》："飞輶轩以戒道。"李善注："道，先也。"考虑到在古代的驷马车上，四匹马并不是齐头并进的，《诗·郑风·大叔于田》："两服上襄，两骖雁行。"郑笺："雁行者言与中服相次序。"孔疏："此四马同驾，其两服则齐首，两骖与服马雁行，其首不齐。"清·王引之《经义述闻》卷五："上者，前也。上襄，犹言前驾，谓并驾于前，即下章之'两服齐首'也。雁行，谓在旁而差后，即下章之'两骖如手'也。"《左传·定公四年》正义也说："骖马之首当服马之胸。"所以秦代将服马称为道，还有表示这两匹马的位置靠前的含意。在这次发掘中，前后两乘铜马车出土时，驾车之马的位置均为服马在前、骖马次后，特别是前车即1号车更为明显[30]。不过镘即骖马虽然位置稍偏后，却并不意味着其重要性偏低；相反，当时的骖马可能比服马更受重视。2号车的两骖都在颈部套着金银项圈，而服马却没有。洛阳中州路战国车马坑中之车，亦仅二骖套有银项圈[31]。马饰的丰俭与受重视的程度总该有所关联。再如《郑风·大叔于田》描写大叔驾车时，一开始就说："执辔如组，两骖如舞。"只言两骖，不提两服，亦可证调御两骖之得宜与否，对行车相当紧要。《左传·桓公三年》记曲沃武公"逐翼侯于汾隰，骖絓而止"。《成公二年》记齐顷公之车在鞍之役中"将及华泉，骖絓木而止"。这都说明骖马较易受路边外物的干扰，故宜选强悍的马充任。并且，车子

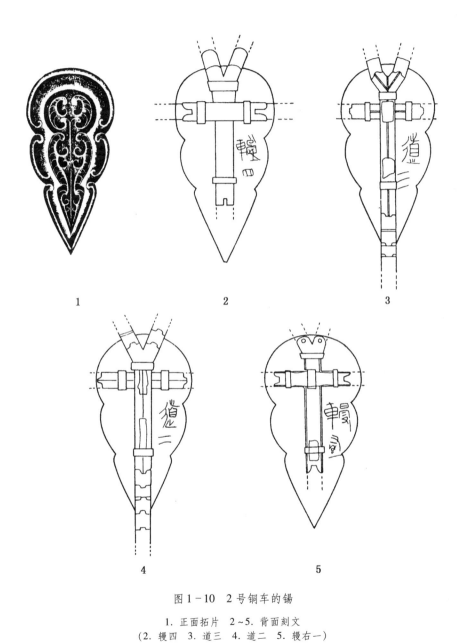

图 1－10　2 号铜车的锡

1. 正面拓片　2~5. 背面刻文

(2. 镳四　3. 道三　4. 道二　5. 镳右一)

转弯时起主导作用的也是骖马。2 号车的右骖在额顶立一装缨的铜杆，应即《续汉书·舆服志》所说用牦牛尾制作的"左纛"。它就是为了便于使四匹马一起转弯而设置的部件。但这里会提出一个问题：既然称为左纛，似乎就应该装在左骖头上，为何 2 号车却把它装在右骖头上呢？这可能是因为当时的战车一般均向左边转弯，即《郑风·清人》所谓"左旋"的缘故。孔疏："必左旋者，《少仪》云'军尚左'。"但战车为什么要左旋呢？这又和乘车者的位置密切相关。当一辆战车乘二人时，御手居左，甲士居右，如始皇陵 2 号兵马俑坑出土之 T14 号车所见者[32]。若乘者为三人，而其中又有指挥作战的将领时，则如郑玄所说："左，左人，谓御者。右，车右也。中军，为将也。兵车之法，将居鼓下，故御者在左。"[33]当然，此仅就一般情况而言，例外的场合也是有的。但不论位置如何变动，车上居右之人即所谓"戎右"，常为手执戈矛的勇力之士。《左传·成公八年》杜注："勇力皆车右也。"因此，当战车转弯时，配备武装的右侧应向外，使之仍能起到御敌的作用，即"左旋右揉"之所谓右揉；而没有武装只有御手的左侧应在内，以便受到保护[34]。在进行车战时，左旋应是御车的常规（图 1－11）。由此而产生的左纛之制，亦不应理解为左侧之纛，而宜理解为左旋之纛。此纛立于右骖头上，则左旋时纛自右向左催迫诸马，弯子就比较容易掉转过来。转弯时右骖所起的主导作用，在《说文》中已经指出。《舟部》："服……一曰车右騑，所以舟（周）旋。"右騑即右骖。《马部》："騑，骖也。"而由于自右向左折旋须以右骖带头，故又称"右还"。《周书·武顺篇》："武礼右还，顺地以利兵。"《楚辞·招魂》："抑骛若通兮，引车右还。"其实，左旋和右还说的是一回事。

既然在行车时要求两骖更灵活些，更具机敏的反应能力，所以要选强悍之马。可是悍马难驯，因而 2 号车在两骖口中除安排一套普通

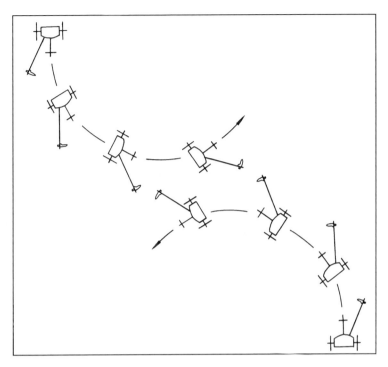

图 1 - 11　车战时之"左旋"（示意图）

马衔外，还另加一套带刺的杵形衔（图 1 - 12）。《简报》将此物考定为橜，是很正确的。《文选·西征赋》注引《庄子》司马注："橜，骈马口中长衔也。"《史记·司马相如列传》索隐引周迁《舆服志》："钩逆上者为橜，橜在衔中，以铁为之，大如鸡子。"都说得极其明确。橜又名齝。《说文·齿部》："齝，马口中橜也。"齝是齿相啮之意[35]。当时是用这种螯口的带刺的橜来加强对骖马的控制。《韩非子·奸劫弑臣篇》说："无垂（棰）策之威，衔橜之备，虽造父不能以服马。"《淮南子·氾论》说"是犹无镝、衔、橜、策、錣，而御駻马也"，而《盐铁论·刑德篇》则说"犹无衔、橜而御捍马也"，将前

始皇陵2号铜车对车制研究的新启示

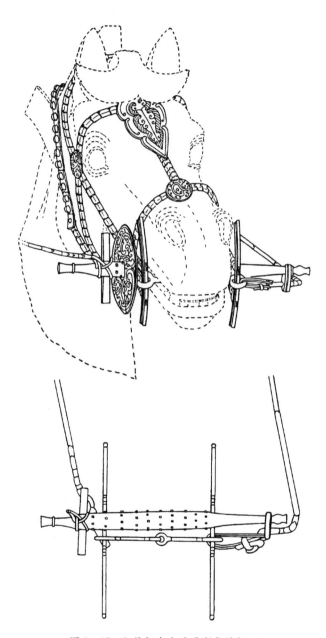

图 1-12　2 号铜车左骖马所衔的橛

二处列举的马具减缩成衔、橛两种，其重点显然是橛，可见该书作者认为没有橛就难以制服悍马。

从2号车上骖马所受的对待，不难看出它们的地位不同于服马。而在两骖之中，左骖似乎更被看重些^㉚。因为它位于左外侧，而御者的策持于右手，笞之不甚得便，故更宜选用"不待策鐷而行"的"良马"^㉜。它应能对行车的各种意图迅速作出反应，转弯时尤须左骖充分配合，将车控制住。所以《考工记·辀人》提出，终日驰骋而"左不楗"，即左骖不塞倦，是鉴定好车的一项标准。

御者的意图主要通过辔传达给马，无论骖马、服马，都受辔的调遣。驷马车上的辔如何安排，还是一个并未完全解决的问题。按理四马共八辔，而经传皆言六辔，如《小戎》就说："四牡孔阜，六辔在手。"因此需要回答：一、余下的是哪二辔，对之如何处理？二、六辔如何安排，才能向四匹马同时发出一致的信号？由于2号车出土时辔已散断，原来的连接法并不明确。《诗·鄘风·十旄》孔疏："御车之法，骖马内辔纳于軜，惟执其外辔耳。骖马，马执一辔，服马则二辔俱执之。"二骖马各一辔，是为二辔；二服马各二辔，是为四辔；合计之，正是六辔。但骖马之另一条辔即"内辔"却不应系于"軜"，即简报所说之掀軓上的纛爪^㉝；而是与相邻之服马外侧的衔环系在一起。并且，两服马的内侧之辔还要在辀前左右交叉一次。辔的这种安排，在战国铜器刻纹上反映得很清楚^㉞（图1-13）。也只有这样，才能将各马左、右侧之辔分别集中在御者的左、右手中，通过操纵辔使车中的马一致行动。而且不仅驾四马的车用六辔，驾六马也是用六辔。《列子·汤问篇》："六辔不乱，而二十四蹄所投无差。"不过在驾六马的车上，骅和骖都要通过内辔和服马之外侧的衔环联在一起。左旋时，起主导作用的则是最外侧的右骅；右骖、右服这时就跟着一同回旋了。而在四马车上，转弯时骖马是带头的，所以它的内

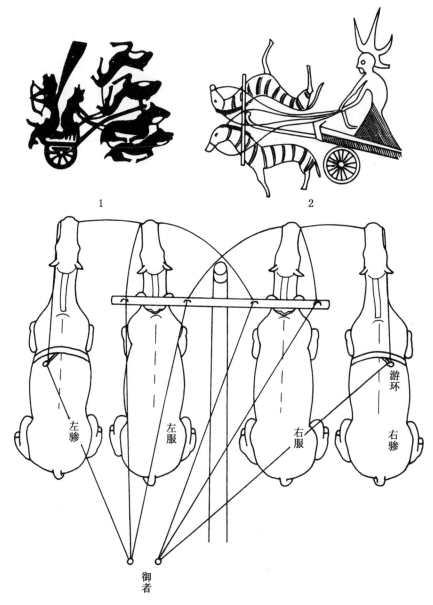

1   2

图 1-13　六辔及其系结法

　　上. 战国铜器车纹中所见之辔(1. A. F. Pillsbury 藏战国铜壶,可看出右骖与右服间的连接方式　2. 故宫博物院藏战国铜器残片,可看出两服马之辔在轭前的交叉)

　　下. 六辔系结法示意图

綮应由御者直接掌握，不应系结在车上某处。何况 2 号车在衡辕交接处左右各有一银环，这两个环在山东胶县西庵西周车⑩，甘肃平凉庙庄 1、2 号秦车⑪，河南洛阳中州路战国车⑫上均曾发现，在湖北江陵九店 104 号楚墓车马坑之与 2 号车相同的位置上，且各有一组铜三连环⑬，似乎服马之内綮相交叉以后曾自这些环中穿过。但 2 号车复原时将此二环闲置，没有绳索穿过其中。关于这一点，似仍有进一步探索之必要。

总而言之，2 号铜车的鞍具展示出了一种前所未见的系驾方法。它和当时西方（指地中海及西亚地区）的系驾法完全不同。如果将系驾方法依其承力之最主要的鞍具来命名，则西方古车采用的是"颈带法"，车上无靷，驾车之马用颈带系在轭上，轭连衡，衡连辀，马通过颈带负衡曳辀而前。此法的严重缺点在于颈带压迫马的气管，使驾车之马奔跑时呼吸困难⑭。2 号铜车的系驾法则可名为"轭靷法"，在这里起主要作用的是轭和靷。虽然 2 号铜车上两轭脚之间系有颈靼，但它并不起西方之颈带的那种作用，因为靷从轭辀处向后拉，马的受力点落在肩胛两侧承轭之处。颈靼无须系得很紧，它只起到防止服马脱轭的作用，曳车受力并不靠它。但由于轭受力较大，所以 2 号铜车在轭下铸出一层象征软垫的轭鞲。在河南浚县辛村 1 号西周墓上层车器中和北京琉璃河 202 号西周墓车马坑中都发现过它的痕迹。辛村报告称之为"漆布夹脖"⑮；发掘琉璃河墓地的郭仁先生则名之为"鞲"。按《说文·韦部》："鞲，轭裹也。"故后说可从。近年在陕西长安张家坡 170 号井叔墓中发现的轭鞲，厚 1、宽达 13.5 厘米，其质地虽不明，但显然也是一层软垫⑯。西周鞲痕的发现，意味着轭靷系驾法的出现应较 2 号车的时代为早。所以仅从车的木质构件看，中国古车和西方古车均由轮、舆、辀、衡、轭等构成，式样似乎差别不大。有些人甚至有意无意地向西方去寻求中国古车的起源。但一经比较系驾法，东、西方则判若泾渭，它们分别采用各不相同的方式。中国古车的系驾法是中国独立的发明创造，其中看不出任何外来影响的痕迹。

不过，就在始皇陵 2 号铜车铸造的时代，中国车制正面临着一场变革。先秦式采用轭靼法系驾的独辀车正向汉式采用"胸带法"系驾的双辕车过渡。目前已知之最早的双辕车出现于战国早期。陕西凤翔八旗屯 BM103 号秦墓曾出土双辕陶车[47]，它是驾牛的牛车。双辕马车则以河南淮阳马鞍冢战国晚期 1 号车马坑出土者为最早[48]。由于这种车上出现了胸带，于是承力部位降至马胸前，轭变成单纯的支点，只起支撑衡、辕的作用。此法较之轭靼法更为简便实用。它的出现在我国不晚于公元前 3 世纪。而在西方，要到公元 8 世纪才出现，比我国晚了一千多年。

对 2 号铜车的考察还表明，2 号铜车保留了我国商周车制的许多特点，代表着一种古老的驷马车的形式。它和始皇陵出土的其他若干文物一样，因循墨守的因素常常强烈地表现出来。用比它晚了不过几十年的江陵凤凰山 167 号西汉墓出土车与之相较，更显得 2 号铜车结构之保守。这里面所透露出的秦文化的风貌，的确是启人深思的。

略论始皇陵 1 号铜车

20 世纪 80 年代前期，始皇陵 2 号铜车的出土和发掘报告的刊布，曾受到文物考古学界的重视。现在，1 号铜车的修复、展出和简报的发表，也必将引起广泛注意，并进一步推动古代车制的研究工作。因为这两辆铜车均制作得如此逼真，修复后均如此完整，各种细节均反映得如此清楚，使有关车制的若干悬而未决的问题有可能在这里找到答案。

这两辆车都是驷马车，系驾方式亦相同，惟车身的形制大不一样。2 号铜车是一辆辎车型的衣车。它有与车盖相连接的、四面屏蔽的车箱。两旁有窗，后部辟门，即《周礼·巾车》郑注所称"辎车后户"。它的车盖呈椭圆形，顶部隆起，名鳖甲。《礼记·曲礼》正义引何胤《礼记隐义》："衣车如鳖而长也。"《说文·车部》："辎、軿，衣车也。"说的正是它。但 2 号铜车的一条镳绳末端有朱书文字"安车第一"。证以《古列女传·齐孝孟姬传》"后妃逾阈，必乘安车辎軿"之说，可知辎车也可以包括在安车类中。然而它并不是典型的安车。因为《释名·释车》说："安车，盖卑，坐乘，若今吏所乘小车也。"小车又名轻车、戎车，它的车盖是伞形，而不是鳖甲形；武威雷台汉墓出土的有"冀张君小车、马"铭文之车可证。2 号铜车和"吏所乘小车"之所以都被称为安车，只是着眼于它们均可坐乘之故。我国古代车型繁多，文献中记载的名称常因分类标准的不同而互相交叉，同一种车依不同的标准可以被归入不同的、有时甚至是互相矛盾的类别之中。以1号铜车为例：此车的车箱短小，又驾四匹马，依《论语·为政》集解引包咸注"小车，驷马车"之说，则可以称为小车。而它的车箱四面敞露，依《释车》"轺，遥也，遥，远也；四向远望之车也"之说，又可以称为轺车。1号铜车装有车耳，根据这一特点又可以称为輶车。《汉书·景帝纪》："令长吏二千石朱两輶。"颜注引应劭曰："车耳反出，所以为之藩屏，翳尘泥也。"其说与1号铜车之车耳的作用正相合。同时，1号车的御者是站在车上的，根据这一特点它还可以被称作立车。《续汉书·舆服志》刘注引蔡邕曰："立乘曰高车，坐乘曰安车。"《晋书·舆服志》也说："坐乘者谓之安车，倚乘者谓之立车，亦谓之高车。"发掘简报就把1号车定为立车，这当然是有根据的。但简报又认为1、2号铜车是"五时副车"即"五色车"中的一组。虽不无可能，却有待其他四组被全部或部分发掘出土后，此说才能得到证明。

1号铜车上有武器。这些武器并不是散乱地放在车上，而是用焊、卡、缚等各种方法加以固定，应是一套符合制度的装备。此车虽只有御者居中，但从武器的组合状况看，左面还应有持弩的车左，右面还应有持盾和长兵器的车右。《尚书·甘誓》伪孔传："左、车左，左方主射。右、车右，勇力之士执戈矛以退敌。"《诗·閟宫》郑笺："兵车之法：左人持弓，右人持矛，中人御。"除了将帅所乘之车，因"将居鼓下，故御者在左"（《诗·清人》郑笺）外，一辆乘三人的战车应以上述之编制为常制。《左传·僖公三十三年》说："秦师过周北门，左右免胄而下。"也表明御者居中执辔，不便下车。而车左、车右之所以下车，据《吕氏春秋·悔过篇》说："过天子之城，宜橐甲束兵，左右皆下，以为天子礼。"乃是表示致敬之意。1

号铜车上只有御者，不见车左、车右，或亦与此类礼节有关。因而从1号铜车上装备武器这一重要特征来看，它应代表当时的战车，也就是古书中常提到的兵车、戎路之类（图2-1）。我国西周、春秋时盛行车战，余风延及西汉前期。可是过去一直不曾掌握武器还装配在原位置上的战车实例。前些年军事博物馆筹建古代战争馆时，古代战车的复原模型是以河南淮阳马鞍冢战国车马坑出土之车为蓝本的。该车在车軨上装铜甲札，应即《周礼·车仆》所称"苹车"。郑注："苹犹屏也，所用对敌自蔽隐之车也。"苹车上的铜甲札固然珍罕，但其上之兵器入葬前已经取下，配置情况不明。现在有了始皇陵1号铜车，对这个问题的认识就具体得多了。惟如前所述，由于古车定名的标准不统一，所以尽管它应该归入战车类型，却不妨以立车或其他某种车的名义出现在陪葬俑群的行列之中。

在1号铜车的武器中，斜置于前軨之外的弩特别引人注目。此弩的顶端落在前軨外方左侧的两枚银质"承弓器"上，弩臂后端靠在轼上。"承弓器"在出土物和传世品中为数不少。它的后部为长方形扁筒，前端有弧形凹槽，槽帮内侧顶部向下勾曲，其对面以缓和的曲线向上斜伸出一高昂的鸟头或兽头。此物的用途长期不明，一度曾根据洛阳中州路战国车马坑中"承弓器"出土时位于弩臂之前的现象，认为它装于弩臂前端用以承弓；"承弓器"的名称也是因此提出的[①]。修复1号铜车时，才了解到它不是装在弩臂上而是焊在车軨上。它的用途也与承弓无关，因为弩弓紧缚于弩臂前端，无须另设承托的部件。根据其形制判断，此物用于张弓。弩虽是射远的利器，但强弩难以单用手张，须以足蹶张或以绳腰引，在车上操作起来极为不便；而车战却又非使用强弩不可。《周礼》说弩分夹弩、庾弩、唐弩、大弩四种。夹弩、庾弩力弱，车战用的是唐弩、大弩（《司弓矢》）。孙诒让正义："车战野战，进退驰骤，非强弩则矢不及远。"所谓"承弓

27

略论始皇陵1号铜车

载
驰
载
驱

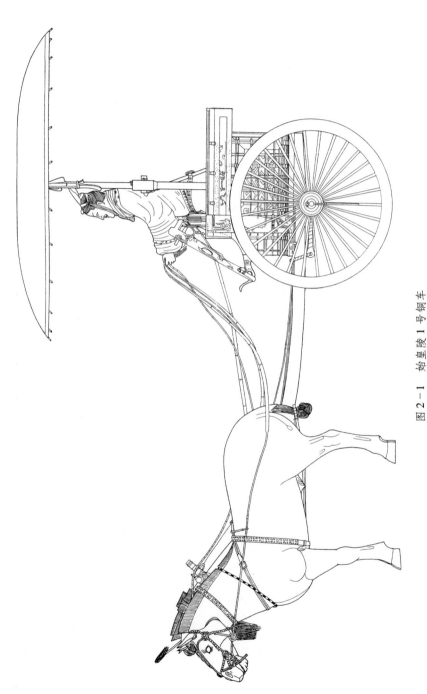

图 2 - 1　始皇陵 1 号铜车

28

器"即为解决在战车上张强弩的需要而设。将弩和"承弓器"像1号铜车上所见之方式装配在一起，以"承弓器"之凹槽的勾曲部分卡住弩臂前端弓弣两侧，再向斜上方用力拉弦，弩弓便可开张。案《文选·东京赋》："璵弩重旃。"李注："《说文》曰：'璵，车阑间皮筐，以安其弩也。'"又说："置弩于璵曰璵弩。"《续汉书·舆服志》："轻车，古之战车也。……建矛戟幢麾，轙轵弩服。"刘注引徐广曰："置弩于轵上。"璵、轙字通（说见高步瀛《文选李注义疏》卷三），可知璵应是轵上的一种设施。1号铜车的弩从轵上向外探出，与徐说正合；这样安装的弩应即璵弩。而所谓"承弓器"即轙轵之"轵"。轵与絷相通假（《谷梁传·昭公二十年》："卫谓之轵。"释文："轵本作絷"），而絷训拘（《庄子·秋水篇》释文引司马注）或拘执（《左传·成公九年》杜注），亦正与此物的功用相合。有了1号铜车的例证，可知此物应名"弩轵"，或承弩器；"承弓器"这一名称似可不再沿用。

1号车之弩所用的箭分置两处。一部分箭插在焊于左侧车軨外方的箙中。这件箙呈长筒形，镶银质口沿，和战国时习见的上部有靠屏、下部作浅袋状的箙不同。筒形箙一般称作椟丸。《左传·昭公二十五年》杜注："椟丸是箭筒。"它的起源相当早，殷墟西区M43号车马坑中已出此物。乐浪古墓出土的汉代椟丸，为外贴银箔的漆筒，其中尚存箭镞[2]。但古文献中多说车上置箙而不言椟丸，比如《续汉书·舆服志》就一再说戎车、轻车上置箙，因知车上的椟丸有时也被称为箙。这是因为一来泛称时用词不甚严格，如《北堂书钞·武功部》所录贾逵说即谓："服，矢筒也。"二来则由于箙还被当作盛弩箭之器的专称。《说文·竹部》："箙，弩矢箙也。"《方言》卷九郭注，箙"盛弩箭器也"。车上既然用弩，则盛弩箭之器遂亦可称之为箙了。1号铜车出土时，筒形箙中的箭已经散出，集中起来应为十二支，即一束。《淮南子·氾论》高注："箭十二为束也。"但战车上仅配备十二支箭显然不够用。故1号铜车在前軨之内、车轼之下还有一匣箭。此匣即《周礼·缮人》"乘车充其笼箙，载其弓弩"之笼箙。《周礼正义》卷六一引陈奂说："《说文》：'笼、笭也。''笭、车笭也。'矢箙系于笭，故曰笼箙。"案《仪礼·既夕礼》"犬服"，郑注："笭间兵服，以犬皮为之。"可见车軨间本有置箙之制。《左传·哀公二年》记晋、郑铁之战后，赵鞅说："吾伏弢呕血，鼓音不衰。"战车上的鼓装在前軨之后，其下既有弓弢，则笼箙亦应位于近处；故陈说是。1号铜车的笼箙盛箭五十四支，其中五十支属于简报所定的Ⅰ型，四支为Ⅱ型。五十支箭也是一束。一束箭有多少支，诸说不一。除上文举出的十二支一束外，《诗·泮水》毛传说："五十矢为束。"《荀子·议兵篇》："操十二石之弩，负服、矢五十箇。"则弩箭有以五十支为一束之制。另外的四支Ⅱ型箭，镞呈短圆柱状，近似瓶塞，显然别有特殊用途。四支箭也构成一个单位，名乘。《仪礼》所记射礼用箭，皆"搢三挟一个"，即四支。《诗·猗嗟》："四矢反兮，以御乱兮。"《行苇》："四镞如树，序宾以不侮。"都强调用四矢。可见四支Ⅱ型箭或有礼仪上的某种用意。

　　1号铜车之Ⅰ型箭的镞为三棱尖锥形。此式镞出现于春秋晚期，在邯郸百家村20号、长治分水岭21号等墓葬中均曾出土[③]。至战国晚期，此式镞有装铁铤的，且常与弩机伴出，如长沙扫把塘138号、长沙左家塘新生砖厂15号等墓葬所出之例[④]。西汉时，西安汉城武库遗址出土的此式镞装有很长的铁铤，镞身与铁铤合计通长37厘米[⑤]。《方言》卷九说，箭镞"其三镰长尺六者谓之飞䖟"。37厘米正合1.6汉尺，故此种镞即汉代所称飞䖟。山东巨野红土山西汉墓中与弩机伴出之飞䖟，其铜镞身、铁铤和铤尾的铜帽是分制的，衔接起来长约34厘米，亦与1.6汉尺相近[⑥]。1号铜车上的箭整体以铜制，不知其所仿之原型有铁铤否。但它无疑应属于当时杀伤力最强的一类弩箭。汉简中常发现有关"茧矢铜镞"的记事，则飞茧与先秦时之镞矢或为同类。镞矢之镞因装金属铤，所以特别重。《诗·行苇》毛传："镞矢叁亭。"《考工记·矢人》："镞矢叁分，……一在前，二在后。"郑众注："一在前，谓箭稿中铁茎，居叁分杀一以前。"郑玄在《周礼·司弓矢》的注中也说这种箭"前尤重，中深而不可远也"。箭既然重，要使射程及远，则发射力必须增强。所以从 1 号铜车上主要装备镞矢即飞茧箭的情况看，车上用的是强弩。

1 号铜车箱内于右侧车轮前部嵌有挡板，挡板与车轮间插着一面铜盾：平底、弧肩、曲腰，外轮廓像一件坎肩的后背。此式盾在河南辉县琉璃阁春秋晚期墓所出狩猎纹铜钫的花纹中已经见到，其实物在长沙一带的战国楚墓中屡被发现，均以皮革为胎，内外髹漆颇厚[⑦]。1 号铜车上的盾估计也是模仿漆盾，但范铸甚精。盾脊起棱，左右对称。盾面中心隆起，其上下稍内敛，顶、底端再向外侈；侧视之弧线起状，形成两个曲面。这样，无论箭从哪个方向射来，均能有效地挡落，不致因箭自盾面滑过而发生意外。此盾正、背均绘有纹饰，应称韅盾。《国语·齐语》韦昭注："韅盾缀革，有文如缋也。"

我国古代有用盾蔽车的作法。《诗·小戎》："龙盾之合。"孔疏："画龙于盾，合而载之，以蔽车也。"《六韬·军用篇》列举的战车中有"大黄叁连弩、大扶胥三十六乘"。胥、苏古通，扶胥即扶苏。《周礼·司戈盾》郑注："藩盾、盾可以藩卫者，如今之扶苏与？"因知《六韬》中上述战车上设有强弩与盾，似可与 1 号铜车上的装备相比附。但大扶胥是大盾。1、2 号铜车系原物之二分之一缩小的模型；1 号铜车之盾高 36.2 厘米，则原物高 72.4 厘米，不及男子体高之半，不足以称大盾。所以看来此盾还是与戈、矛配套，供车右使用的。它在平时不由车右手执，而是插在固定的部位，是当时战车之通制。《周礼·司兵》贾疏："凡器在车，皆有铁器屈之在车校及舆，以兵插而建之。"1号铜车可以证实此制。

1号铜车上的兵器除弩与盾及御者所佩的剑以外，再加上虽未出实物但车左、车右均应佩带之剑及车右必执之长兵，共为四种。可是战车上通常装备五种兵器，即《周礼·司兵》所说："军事，建车之五兵。"五兵的种类各家说法不一，还有把五兵分为车五兵和步五兵的。车五兵据《考工记·庐人》的记载是"戈、殳、戟、酋矛、夷矛"。此说为先、后郑所赞同。然而这五种都是长兵器，甚至不包括战车上必备的射远武器弓弩，与实际情况恐不尽合。况且五兵之制意味着多种兵器互相协同的组合关系。《司马法·天子之义篇》说："兵不杂则不利。长兵以卫，短兵以守。太长则难犯，太短则不及。"同书《定爵篇》又说："弓、矢御，殳、矛守，戈、戟助。凡五兵五当，长以卫短，短以救长。迭战则久，皆战则强。"故战车上也不能清一色用长兵器。所以五兵的种类如《五经异义》所主之"矛、戟、剑、盾、弓"（《周礼·肆师》贾疏引）、《谷梁传·庄公二十五年》范宁注所主之"矛、戟、钺、盾、弓矢"、《太玄·玄数》所主之"矛、钺、戈、盾、弓矢"，以及《通典》所主之"弓、戟、矛、剑、盾"诸说，皆有可听。它们举出的五兵虽不分车、步，但大体上包括格斗武器、射远武器和卫体武器三部分[⑧]。因此，1号铜车上只要给车左、车右再增加两件备用的长兵器，就可以满足建五兵的要求了。

这两件在遗物中未出现的长兵器如果是一矛、一戈，那么按照《考工记》的说法应皆插于车轸之间，而且戈要斜插，矛要正插。但《东京赋》"立戈迤戛"李注："戛、长矛也，矛置车上，邪柱之迤邪也。"其安排与《考工记》正相反。由于1号铜车没有在这方面提供线索，此问题目前尚无法回答。

战车上除建五兵以外还要建旌旗。《考工记·庐人》："六建既备，车不反覆，谓之国工。"郑注："六建，五兵与人也。"《周礼正义》卷八二引戴震说："六建当为五兵与旌旗。"孙诒让云："案戴说是也。人立车上，不可言建。"戴、孙之说很正确。对战车来说，插旌旗的作法在当时是受到重视的。《诗·小雅·出车》："我出我车，于彼郊矣。设此旐矣，建彼旄矣。""王命南仲，往城于方。出车彭彭，旂旐央央。"可见车上之旗很眩人眼目。战国时的车马刻纹中亦常见车后插旗，具体插法却长期不知其详。直到1988年发表了江苏淮阴高庄战国墓出土的刻纹铜器残片，才发现其中之车上的旌旄插在舆后的空筒中⑨（图2-2）。以此图与山东长岛出土铜鉴之刻纹相比较，不难看出那辆车上的旌旄也是这样插的。其实此种空筒即插旗筒，早在河南淮阳马鞍冢战国车马坑中已经发现，后来在太原金胜村251号春秋墓之车马坑中也见到类似的情况⑩。秦代在车上插旗时，方法应无大殊。1号车虽未插旗，亦无此筒，但其左右车輢后部转角处之套银帽的圆形角柱，形制与马鞍冢战国车上的空筒相近。如若插旗，将角柱换成插旗筒即可。

图2-2　淮阴高庄战国墓出土铜器刻纹中的车

略论始皇陵1号铜车

33

综上所述，可知 1 号铜车具有战车的基本特征，尽管不算十分完备。当时一辆标准的战车大约应具备以下五个条件：1. 车上有车左、车右、御者等三名战士，亦称甲首；2. 建五兵；3. 建旌旗；4. 不巾不盖；5. 从以若干徒兵。其中第 5 条不在本文的讨论范围之内，前三条则上文均已谈到。而第 4 条在当时也是对战车之明确要求。《左传·宣公四年》杜预注就说："兵车无盖。" 1 号铜车有盖，似与此项标准相矛盾，其实不然。因为 1 号铜车的车盖装在活动底座上，并未固定在舆底的桄上，根据需要，随时可以取下。此底座上还立有一根竖杆，通过插环和销钉与盖杠相钳合，以稳定车盖。其钳合装置应名扃。《西京赋》"旗不脱扃"，薛注："扃、关也。谓建旗车上，有关制之令不动摇曰扃。"现在看来固定车上的旗和车盖都可用扃。日后发现建旗之车的实例时，在剥剔过程中宜注意其扃的结构。

除了战车上特有的设施外，1 号铜车上还有若干值得考察的细节。如此车在盖杠上部和轼的背面均附有带状物。轼背所系者应名鞃。《说文·革部》："鞃，车轼中把也。"段注："轼中把者，人把持之处也。"但《说文·糸部》又说："绥，车中把也。"两种"把"的区别何在呢？《论语·乡党篇》说："升车：必正立，执绥。"既然人站在车上时还要执绥，则其位置不能太低，应为盖杠上部之带。也正因为绥的位置高，拉住它才便于迈步登车。故《仪礼·士昏礼》又《既夕礼》郑注都说："绥，所以引升车者。"而过去对此二者的定名和区分都很不明确。再如 1 号铜车两服马外胁下的环带上，向两骖方向各探出一棒状突棱，此突棱直立于一片长条形的平板中央，侧视近山字形。在 2 号铜车和始皇陵 1 号兵马俑坑之车的鞁具中亦有此物，后者为木构件，棒状突棱前端装带三个尖齿的骨套管（图 2-3：2）。过去曾将此物定名为胁驱，不妥。它应即《东京赋》所称"方釳"，薛注："方釳，谓辕旁以五寸铁镂锡，中央低，两头高，如山

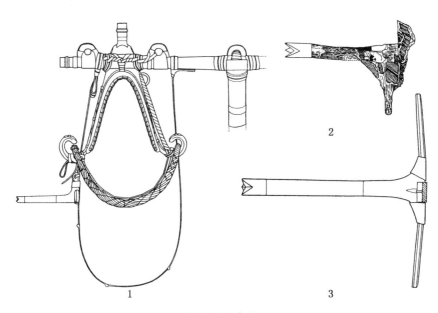

图 2－3　方钇

1. 方钇的装置方式　2. 始皇陵 1 号兵马俑坑出土的方钇(骨质突棱,后含朽木)
3. 1 号铜车的方钇

形,而贯中以翟尾,结着之辕两边,恐马相突也。"这里说的"中央低,两头高",恐为"中央高,两头低"之讹,否则就不成其为"山形"了。其他如说方钇装在"辕两边",其作用为"恐马相突",则均与车上所见的实际情况相合⑪。至于胁驱,《诗·小戎》郑笺:"胁驱者,着服马之外胁,以止骖之入。"孔疏进一步说明胁驱是"以一条皮,上系于衡,后系于轸"。《广雅·释器》则认为:"马鞁谓之胁。"各家之说虽不尽一致,但都把胁驱解释为一种革带。因而两服马外胁下的那条环带,才有可能是胁驱。

1 号铜车上的辐是古车中所见之最早的一例,其上绘有精细的花纹。辐即车耳。《太玄·积次四》范望注:"蕃、车耳也。"古代对车耳很重视。汉镜铭："作吏高迁车生耳。"⑫但官员车上的车耳，如《古今注》所说："武官赤耳，文官青耳。"仅涂单色，不言有花纹。皇帝之车则装金耳。《说文·耳部》："靡，乘舆金耳也。"金耳上有花纹。《三国志·吴志·吴主传》："吴中童谣曰：'黄金车，班兰耳。闿昌门，出天子。'"可见像1号铜车上这种花纹斑斓的车耳，应为皇帝之车所用。又《续汉书·舆服志》说，轓"后谦一寸，若月初生，示不敢自满也"。山东临淄西汉齐王墓4号陪葬坑所出4号车，轓之后部有一半月形缺口，正与其说相合⑬（图2-4）。1号铜车的轓无此缺口，也反映出它的规格之高。

总之，具有古代战车类型之车的特点的1号铜车之面世，是古车制研究中的盛事，由此而带来的丰富信息，尚有待长期探讨。它现在以这样精美华奂、光彩照人的形象呈现在我们面前，回想刚出土时只是一堆碎铜片的状况，不能不对出色地完成这一繁难的修复工作的程学华等诸位先生，表示崇高的敬意了。

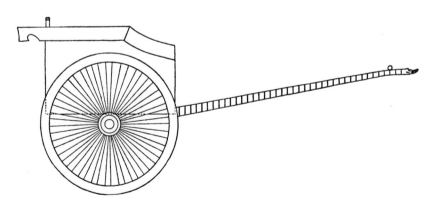

图2-4 临淄西汉齐王墓4号陪葬坑中的4号车

中国古独辀马车的结构

中国古代的马车起初只有独辀，战国时才出现双辕。但在西汉前期，独辀车仍然常见，直到西汉后期，才逐渐为双辕车所取代。独辀车至少需驾两匹马，双辕车却可以驾一匹马；独辀车采用轭靷式系驾法，双辕车则采用胸带式系驾法[①]；独辀车以立乘为主，双辕车则以坐乘为主。两者相较，可知双辕车更为先进。不过先秦文献中提到的战车和贵族出行之车，大抵皆为独辀马车。所以我国上古时代的车型，应以独辀马车为代表。

由于独辀马车见于儒家经典，收入《周礼》的《考工记》对独辀车的构造和性能有较详细的记载，因而探讨先秦车制，遂成为后世经学家的一项研究课题。不过要把问题说清楚，除文献记载外，还必须有实物依据，而这类实物到中世纪后期已经很难找到了。直至20世纪30年代，在安阳殷墟的考古发掘中才发现古车遗迹；到了50年代初，在河南辉县的考古发掘中成功地解决了剥剔古车遗迹这一考古学上的技术难题之后，对古车的研究方始有可靠的凭借。从那时到现在几十年来的考古发掘中，已积累起大量商、西周、春秋、战国、秦、西汉等各个时代的独辀马车的材料。根据这些材料，有可能对这类古车的结构，包括其各部分的作用和形制演变等问题，进行比较有系统的考察。

这里先从马车的荷载部分——车箱说起。车箱又名舆。商与西周的车，车箱分大小两种。小型车箱的车，如安阳大司空村 175 号墓出土的商车，箱广 94、进深 75 厘米；长安张家坡 1 号车马坑中的西周车，箱广 107、进深 86 厘米。这类车只能容乘员两名。商代金文有 𤕦、𤕦 等字[②]，旧释辇，其实像二人立于车上之形。大型车箱的车，如北京琉璃河西周车马坑出土车，箱广 150、进深 90 厘米；山东胶县西庵西周车，箱广 164、进深 97 厘米（图 3 - 1）。这类车能容乘员三名；有时可增至四名，记载中则称之为"驷乘"[③]。车箱平面皆为横方形，进深较浅，即所谓"伐收"[④]。先秦时只有作为普通运输工具的牛车的车箱才比较深，平面接近正方形[⑤]。车箱底部的边框名轸。安阳小屯 40 号商墓所出之车在轸上饰以单个的龙形铜片。陕西宝鸡茹家庄西周车马坑出土之车在轸上包以外侧有夔龙纹的长铜片。这

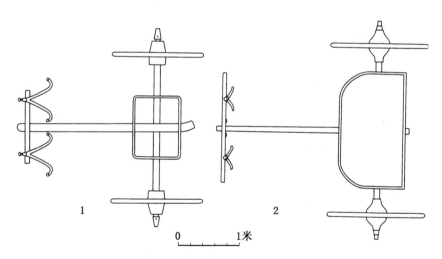

图 3 - 1　商、周时代的小型车箱与大型车箱

1. 小型车箱(河南安阳大司空村商代车马坑出土)
2. 大型车箱(山东胶县西庵西周车马坑出土)

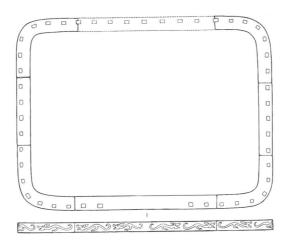

图 3-2　轸饰

（陕西宝鸡茹家庄西周车马坑出土）

组铜片原有八件，组成了一个圆角的横长方形，将车箱平面的轮廓清楚地反映了出来⑥（图3-2）。

车箱周围有栏杆，名车軨⑦。河南淮阳马鞍冢战国车马坑出土的车有在軨上装铜甲札的，这种车应即《周礼》所称的"苹车"。一般车上不装此物。軨在车后部留出缺口，名䡋，以便上下⑧。勇力之士往往从这里一跃而上，名超乘⑨。王者登车时却要踏着乘石⑩。妇女则踏几⑪。登上车站稳以后，应握住盖杠上部的绳套，即所谓"升车：必正立，执绥"。而据《礼记·曲礼》说："妇人不立乘。"因此她们多乘辎、辂、辇车或带棚的牛车，这类车有衣蔽，可以坐卧于其中。在立乘的车上，为了防止倾侧，于左右两旁的车軨即辂上各安一横把手，名较⑫。已发现的商车上并未装较，三面车軨的高度是平齐的。在河南浚县辛村西周车马坑中才出土铜较，状如曲钩，一端有銎，可以插在辂柱上。其顶部折而平直，以便用手扶持⑬（图3-3：1）。始

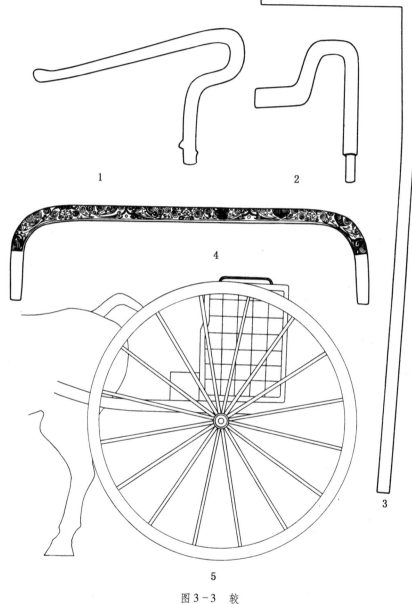

图3-3　较

1. 春秋铜较(河南浚县出土)　2. 战国铜较(河南淮阳出土)
3. 秦代铜较(始皇陵兵马俑坑出土)　4. 汉代错金铜较(河北满城出土)
5. 在车辖上装较的木车模型(甘肃武威出土)

皇陵 2 号兵马俑坑出土的铜较，垂直部分较长，插入车轸并用铜钉固定；其上端折成直角（图 3-3：3），与西周铜较的式样区别不大⑭。河北满城 1 号西汉墓所出用金银错出云雷纹的铜较，作两端垂直折下的门字形⑮（图 3-3：4）。甘肃武威磨嘴子 48 号西汉晚期墓出土的木车模型，在两辕上也装有铜较⑯（图 3-3：5）；它虽然是一辆坐乘的双辕车，却把辕和较的关系表现得很清楚。

车箱前部栏杆顶端的横木名轼。商车上的轼起初和辕一样，与车輢其他部分保持平齐。后来则将轼装在车箱中部偏前处，这种作法为西周和东周车所承袭⑰（图 3-4）。在车上行礼时须伏轼。《尚书·武成》记武王克商后，曾"式商容闾"。伪孔传："商容贤人，纣所贬退，式其闾巷以礼贤。"孔疏："男子立乘，有所敬则俯而凭式，遂以式为敬名。"在战车上，还可以登轼瞭望敌情。《左传·庄公十年》记齐鲁之战，曹刿"登轼而望之"，看到齐师"旗靡"，知其已呈颓势，遂逐之。《吕氏春秋·仲冬纪·忠廉篇》说吴王称其臣要离"上车则不能登轼"，认为他不符合对武士之体能的要求。可见这时轼已是独辀车上重要的部件。双辕车则将车輢向后斜接在上述横轼上，而将轼与其前部用布帛（緌）或皮革（鞇）蒙覆起来⑱。同时随着乘车姿势的改变，坐乘时可将膝部纳入车轼底下，乘者倚在轼上，比立乘时要舒适些⑲。

就广义而言，辕和轼都算是车輢的一部分。车輢由立柱支撑，立柱的下端出榫，装在车轸上。轸间的木梁名桄⑳。独辀的立乘之车多在桄上铺板，名阴板。不但商、西周时的车如此，直到陕县上村岭出土的春秋车，发掘时还看到其阴板腐朽后的板灰㉑。可是在辉县琉璃阁出土的战国车，虽然车箱底部有的仍装阴板，有的（如第 18、19 号车）却在桄间牵以平行的革带㉒。在双辕车上，由于坐乘的需要，发展了用革带编箱底的作法。湖南长沙西汉晚期墓所出木车模型的箱底

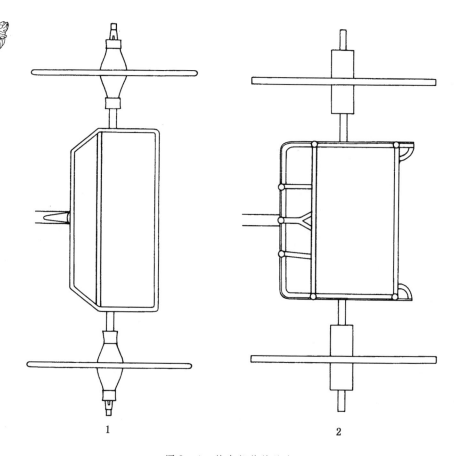

图 3－4　箱中部装轼的车

1. 西周车(陕西长安出土)　2. 战国车(河南辉县出土)

用涂漆的革带交叉编成，始皇陵 2 号铜车前舆底部则铸出代表革编的花纹（图 3－5），应即汉代所谓之鞇或革鞇[23]。这种结构较木板柔软，适于坐乘。但无论箱底装木板还是编革带，上面都还要铺车席。殷墟西区 1613 号车马坑中所出之车，在箱底板上铺有一层茵席，席纹呈人字形，质地似莛草[24]。《诗·秦风·小戎》和《释名·释车》中则

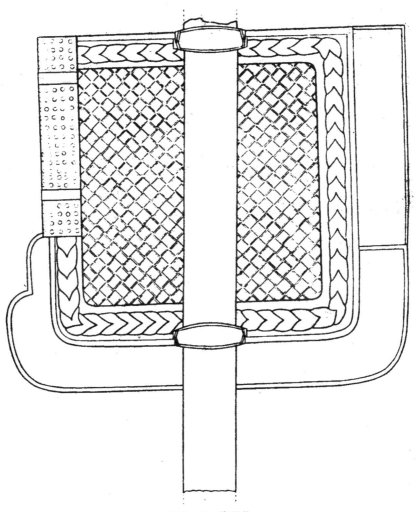

图 3−5　革鞈纹

（始皇陵 2 号铜车前舆底部仰视）

提到用虎皮作的文茵。始皇陵铜车的车箱中有带花纹的铜茵，似代表用丝织物作的车茵。湖北江陵凤凰山 8 号西汉墓出土的遣策记有"豹首车绸"[25]；豹首是一种锦的名称，见于《急就篇》，则汉茵也有用锦缝制的。锦茵不便践踏，所以它是供坐乘用的坐垫；同一批遣策中还记有"绣坐巾"，可证。而上述磨嘴子西汉墓中的木车模型，车上左侧为御者，右侧空着主人的位置，这里的朱色垫子特别厚，所铺的茵似不止一层，当即所谓"重茵"[26]。主人座前的轼上也盖着厚厚的縬，与御者的位子判然有别。《史记·酷吏列传》说和周阳由同坐一辆车的人，"未尝敢均茵、伏"，其车之设置情况当与此车相近。

为了避雨遮阳，车箱上设车盖。商车上尚未见此物。已知最早的车盖见于北京琉璃河 1100 号西周车马坑，圆形，径 1.5 米[27]。因为此坑中的车是拆开埋放的，相对位置已经变动，故盖的结构不太清楚。在山东莒南大店、湖南长沙浏城桥等地发现的春秋车盖[28]，则已制作得相当考究了。盖一般为伞形，其柄名杠[29]。柄的顶端膨大，名部，也叫保斗或盖斗[30]。环斗凿出榫眼以装轑即盖弓（图 3－6）。盖弓中部和尾部常有小孔，以备穿绳将各条盖弓牵连起来。其上再蒙覆盖

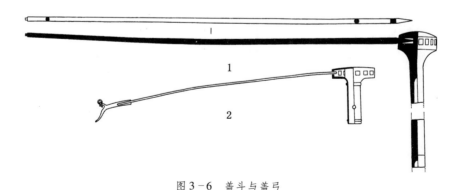

图 3－6　盖斗与盖弓

1. 春秋(山东莒南出土)　2. 战国(河南信阳出土)

帷。按照《考工记》和《大戴礼记·保傅篇》的说法，盖弓应有二十八根，以象征二十八宿。北京琉璃河所出西周车盖装盖弓二十六根，与二十八根之数接近。可是春秋、战国车盖上的盖弓却要少得多。莒南大店所出者装十四根，长沙浏城桥所出者装二十根。湖北江陵藤店和天星观等地战国楚墓所出的车盖，也都装二十根盖弓[31]。西汉车如长沙所出模型装十四根，武威所出模型装十六根，湖北光化所出实物装十九根[32]。只是根据残存盖弓帽的数字推知，河北满城2号西汉墓中的3号车应装盖弓二十八根。《考工记》等书的说法或系据此类车盖以与天象相牵合。

盖弓末端装铜瓜即盖弓帽。瓜是爪的意思[33]。在盖弓帽上突出一个棘爪，用它钩住盖帷的缯帛以把它撑开。莒南春秋墓和河北邯郸赵王陵战国墓出土的盖弓帽上均附有双连环（图3-7:1）[34]，其中一个环挂在盖弓帽的棘爪上，另一个则应固定于盖帷的边缘。但出土的多数盖弓帽均不附环，它们或如武威木车模型的装置方法，在盖帷边缘裹竹圈，棘爪直接钩住竹圈以张盖。春秋时的盖弓帽造型朴素，或为素面，或饰简单花纹。邯郸赵王陵出土的战国盖弓帽则有作兽首形的。特别是辉县固围村1号墓出土的银质兽首形盖弓帽，用额上的独角充棘爪，构思很巧妙（图3-7:3）。至汉代，盖弓帽的造型又有所发展。以前在战国时，尽管盖弓帽的式样不一，但顶端皆呈圆形或多角形（图3-7:4~7）；汉代盖弓帽的顶端则常呈花朵形，名华瓜。其中花朵的方向与帽銎的方向一致的，名直茎华瓜（图3-7:8）；花朵自盖弓帽中部向上昂起的，名曲茎华瓜（图3-7:10）[35]。曲阜九龙山西汉墓出土的鎏金华瓜，前端有龙头，龙口含花朵，花朵中复有一人面，造型更为繁复（图3-7:9）。

车盖并不是完全固定在车上的。就礼仪方面而言：当王下车时，陪乘的道右则将车盖取下，步行从王[36]。在为王举行葬礼时，更须

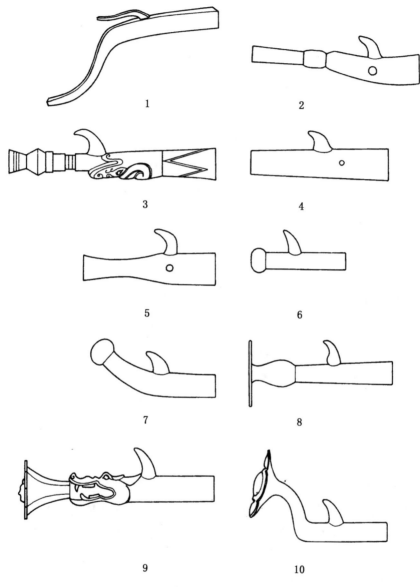

图 3-7　盖弓帽

1. 春秋(山东莒南出土)　2~4. 战国(河南辉县出土)
5. 战国(河南洛阳中州路出土)　6、7. 西汉(河北满城出土)
8. 西汉(广州出土)　9. 西汉(山东曲阜九龙山出土)
10. 西汉(长沙出土)

"执盖从车"㊲。就实际应用方面而言，刮大风的时候要解盖㊳。战车也不建车盖㊴。因为张盖后空气阻力大，影响车速，妨碍战斗。如以有盖之车赴兵事，则去其盖。因此，车盖应能够装卸。为了做到这一点，车杠乃分为好几节，当中用铜箍连接起来。在长沙浏城桥春秋墓出土的车杠上已发现这种铜箍，套在距盖斗22.5厘米处，可是铜箍底下的车杠已残去一段，所以不知道原来分成几节㊵。辉县固围村1号战国墓墓道中的一辆车上，出土两副连接盖杠的铜箍，均错金银。洛阳中州路战国车马坑中所出之车，也有形制与前者极相近的两副铜箍，均错银。从而证明其车杠应分成三节。江陵藤店1号和天星观1号战国墓出土的车杠也正是如此，只不过藤店车杠的接合处未装铜箍㊶。在汉代的车上，车杠一般分成两节，上节名达常，与盖斗相连，下节名桯，植于车箱上㊷。连接两节的铜箍呈竹节形，应名鞞锐㊸。汉代很重视这个部件，有用金银嵌错出云气禽兽纹并镶以绿松石的㊹（图3-8）。

车箱底下，由轴和轮相承托。在车箱两侧的𫐉与轴相接处，有垫木名䡇或伏兔。此物最初见于西周，商车上尚未发现。西周的伏兔作屐形或长方形，顺放在轴上，它的作用是使𫐉与轴能接合得更稳定些。伏兔的外侧有铜笠毂。此物出现于西周，起初是一段带长方形盖板的套管，套在轴上，用楔予以固定；并可以将伏兔的一端插在套管内，使二者组合在一起㊺（图3-9：1）。其盖板的方向朝外，覆盖在轮内侧的毂上。《左传·宣公四年》说："（伯棼）又射，汰辀，以贯笠毂。"孔疏："服虔云：'笠毂、毂之盖如笠，所以蔽毂上，以御矢也。'一曰：'车毂上铁也。'"此物正为"毂之盖"㊻。考古报告中多称为"轴饰"，虽然不是它的原名，但笠毂也确有保护和装饰轴的作用。商和西周时的驷马车车轴较长，一般为3米左右，但车箱并不太大，所以在𫐉、毂之间常裸露出一段车轴。河南安阳大司空村175

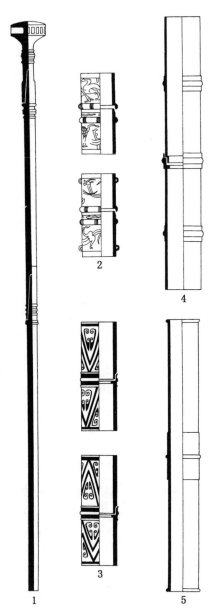

图 3-8 盖杠与辖軎

1. 分成三节的盖杠(江陵藤店出土) 2. 两段(共四件)一组的辖軎(辉
县出土) 3. 两段(共四件)一组的辖軎(洛阳中州路出土) 4. 两件一组的
辖軎(满城出土) 5. 直筒形辖軎(广州出土)

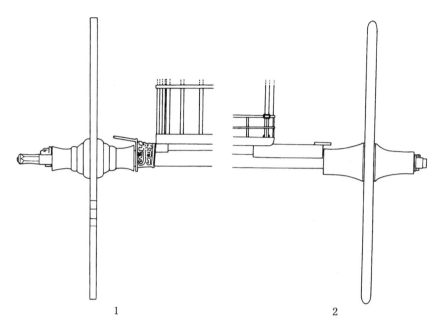

图 3-9　笠毂的装置方式

1. 河南浚县辛村 1 号西周墓出土车　　2. 山西临猗程村 1065 号春秋墓出土车

号商代车马坑中所出之车，轸、毂间距为 50 厘米。陕西长安张家坡
35 号西周车马坑所出之车，毂痕不甚明确，但轸、毂间距仍当不小于
40 厘米。北京房山琉璃河 1 号西周车马坑中的车，车箱比较大，轸、
毂间也有约 25 厘米的距离[17]。笠毂可以用来遮掩这段车轴。但陕西宝
鸡茹家庄西周墓和洛阳老城 1、2 号西周车马坑中所出的笠毂，套管变
成覆瓦状，只能附在轴上，不能加楔[48]。山西临猗程村 1065 号春秋车
马坑中所出之车，其笠毂为圆角长方形木板，装于伏兔上，外端探
出，覆盖车毂（图3-9：2）。伯梦的箭所贯之笠毂可能即属此类。它
仅为厚 1 厘米的薄板，故不难被箭射穿。战国时，如辉县固围村 1 号
墓与洛阳中州路车马坑所出者，则皆为椭圆形铜片，一端且有插头，

以便插入伏兔，再用钉固定[49]。汉车由于多驾一马，车轴减短，轸、毂互相靠近，笠毂的体积也相应缩小，但其形制仍与战国时相近，惟多饰以兽面。河北满城西汉墓所出者，还有错金银、鎏金并镶嵌玛瑙、绿松石的[50]（图3-10）。

笠毂之外为毂。毂的中部凿出一圈榫眼以装辐。毂内之孔名薮，亦名壶中，用以贯轴。在中国古车上，轴是固定的；而行车时，轮和毂却要不停地转动。毂上承车箱的重量，又受到车辐转动时的张力，还要抵抗车轴的摩擦，是吃力很重的一个部件。它一般用较坚固的圆木制作。靠车箱一端的孔径较粗，名贤端；靠轴末一端的较细，名轵端[51]。这是因为车轴入毂以后向外逐渐变细的缘故。在安阳孝民屯出土的商车上，毂的贤、轵两端尚无多大差别；在大司空村出土的商车上，轵端却明显的比贤端细一些[52]。这种结构为以后所承袭，它起着使车毂不致内侵的作用。

另一方面，由于车箱直接靠毂支撑，毂愈长，支撑面也愈大，行车时可以更安稳些。西周时出现了长达半米多的长毂，又名畅毂[53]。但这类毂在车子倾斜时受到轴的扭压力较大，毂口容易开裂。所以这时在毂上安装铜𫐄就成为必要的了。𫐄是毂两端的金属帽，它套在毂端的外面[54]。此物在陕西长安张家坡及客省庄，河南新郑唐户、洛阳老城、浚县辛村，北京昌平白浮等地的西周车马坑中均曾出土[55]。𫐄形如底部有大圆孔的杯子，用它套住毂端，而轴仍可以从圆孔中穿出。其环状底的宽度与毂壁的厚度相等，所以它不仅从外表面对毂加固，而且可以从端面保护毂，防止它被磨损。这时还有用铜𫐄、铜䡅、铜軧等将车毂整个包起来的[56]；但春秋以降，这种作法不再流行。

战国时，开始注意从内部对毂进行加固，即在毂中装釭。《说文》说釭是"车毂中铁也"，可见它多以铁制，在铁工具普及以前，

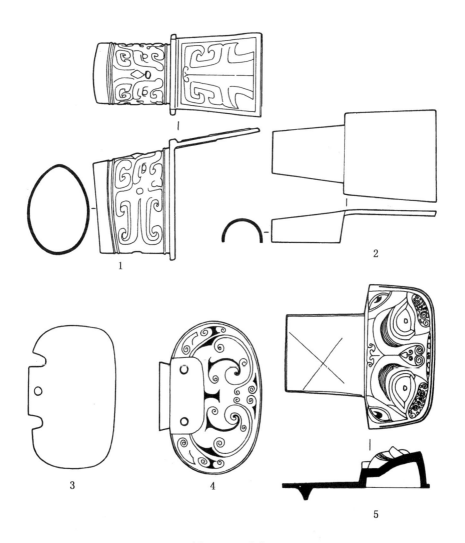

图 3-10　笠毂

1. 西周(长安客省庄出土)　2. 西周(洛阳老城出土)
3. 战国(湖南长沙出土)　4. 战国(河南辉县出土)
5. 西汉(河北满城出土)

它似乎未被广泛使用。当装釭时，必须使釭卡紧毂壁；否则，釭在毂中旋绕晃动，不仅不能保护木毂，反而对它造成损伤。已发现的战国铁车釭的实例不多，河北易县燕下都第23号遗址出土的一件，为圆筒形，两侧有突出的凸榫，可以卡在木毂上[57]。此釭直径8.8厘米，估计是装在贤端的；和它配套的另一件应装于轵端，直径还要小一些。汉代的釭有的与燕下都釭的形制相近，惟凸榫常增至四个。汉代另有一种六角形釭，即《说文》所谓似琮之釭[58]。河南镇平出土的此型釭上有"真倱中"铭文[59]，倱即《考工记》所说的"望其毂，欲其辌"之辌；此铭系称述其内壁的匀整和光洁[60]。

在用釭加固车毂的同时，轴上并开始装锏，以使铁釭中的木轴减少磨损。洛阳中州路出土的战国车上的铁锏，呈瓦状，用铁钉固定在轴上[61]。满城1号西汉墓中的车，则装管状铁锏，出土时其中尚含车轴朽木，有的还残存一小段铁钉。《释名》谓："锏，间也，间釭、轴之间使不相摩也。"把它的作用说得很清楚。满城1号墓出土的一枚铁锏曾经金相考察，属珠光体基的灰口铸铁[62]，具有较高的耐磨性和较小的摩擦阻力，所以它既能起到防护作用而且还利于运转（图3-11）。春秋时的车已在轴上施用润滑油膏，见《诗·邶风·泉水》及《左传·襄公三十一年》、《左传·哀公三年》。在光滑的釭、锏中施用油膏后，行车时更为轻快。所以《吴子·治兵篇》说："膏锏有余，则车轻人。"

毂外为軎。軎装在轴通过毂以后露出的末端，是用来括约和保护轴头的。軎的内端有键孔，贯孔装辖。辖端又有孔，以穿皮条将它缚住使不脱。远在商代軎已用铜制，但当时还多用木辖，只是有些木辖外包铜套，或在顶部装铜兽头[63]；西周中期以后铜辖才较常见。商车的軎为直筒形，长约16~18厘米，末端稍细而有当。西周早期的軎，形状与商代非常接近，但稍长，有达21厘米的。西周中期以后，軎由

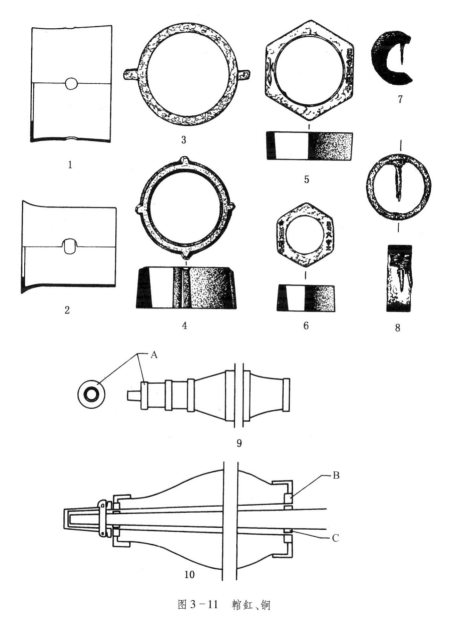

图 3 - 11 辖釭、铜

1. 西周铜辖(陕西长安出土) 2. 西周铜辖(洛阳老城出土)
3. 战国铁釭(燕下都出土) 4 ~ 6. 西汉铁釭(河南镇平出土)
7. 战国铁铜(洛阳中州路出土) 8. 西汉铁铜(河北满城出土)
9. 装于毂端的辖(A)(河南淮阳出土) 10. 釭(B)、铜(C)安装部位示意图

长变短，一般在 10 厘米左右。自商至西周早期的軎，多在外端饰以四出蕉叶；西周中期以后，花纹复杂起来，蟠螭纹、连续蝉纹等都在軎上出现了[64]。辖的造型这时也趋于复杂，商与西周初虽已在辖顶部饰以兽头，但这时则有饰以人像的，对于人物造像很稀见的西周时代来说，它特别引起研究者的兴趣。洛阳庞家沟西周墓所出铜辖首部的人物坐像，衣裳发式均铸造得很精细，更为珍罕[65]（图 3 - 12）。而且此

图 3 - 12　附有笠毂状盖板的人形辖

（河南洛阳庞家沟出土）

人像的背后还延伸出一片盖板，它应与轮内侧的笠毂相对称，从两个方向将毂两端覆盖起来。这种作法目前仅知此一例。用人像饰辖之风一直延续到春秋初，如陕西户县春秋秦墓中所出者[66]。河南新野春秋墓中出土的辖虽未饰人像，却在軎端的当上饰以人面（图3－13：6）[67]，可见一时之好尚。更值得注意的是，此前軎的内端为一直筒，直接插入毂内（图3－13：1~5）；在这座墓中却出现一种内端有外向折沿的作法，辖退居折沿之外。这是为了加固辖孔后部的軎壁而设。在没有折沿的軎上，常看到辖孔后部被磨损，甚至裂成豁口的情况。折沿初出时较薄，以后逐渐增厚。春秋中期以后直到汉代，軎就都是这种折沿式的了（图3－13：6~10）。折沿式軎有的顶端无当，有的将辖以外的部分作成多边形。春秋晚期和战国时期，多边形軎相当流行，一些精工制作的軎往往采用这种形式，有八边、十边、十一边、十二边、十四边等形[68]。其中边长不太好求的圆内接正十边、十一边等形的軎，也制作得很规整，显示出匠师的高超技巧。战国晚期以后，特别是到了汉代，多用短筒形軎。这时有的车軎在辖孔周围铸出凸起的辖座，贯辖后，辖没入辖座中，一般并不外露（图3－13：10）。而且这时的辖多数用铁制，只有少数用铜制。造型也大为简化，常为长条状，两端各留出供缚结用的小孔。

在春秋战国时期，还有一种特殊的车軎，它在軎外接以有刃的矛状物。装这种軎的车应称为销车[69]。进行车战时，它能有效地给予对方随车的隶属徒兵以杀伤[70]。但随着战术的变化，步、骑兵种之重要性的增加，至汉代，有刃车軎就很少见了。

軎在水平方向上用以固轴阻毂，辐则在垂直方向上用以承毂接牙。牙又名辋，即车轮接地的轮圈。牙是将直木用火烤后揉为弧形拼接成的，所以牙亦名輮[71]。但一副轮牙用一根直木揉不出来，浚县辛村出土西周车的牙是合二木而成的；辉县琉璃阁出土战国车根据轮上

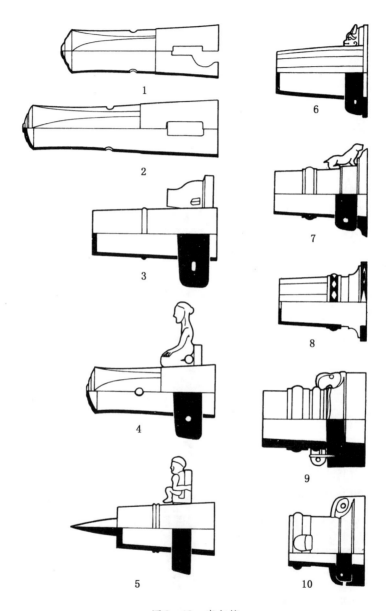

图 3－13　軎与辖

　　1．商（安阳孝民屯出土）　2、3．西周早期（长安张家坡出土）　4．西周中晚期（洛阳北窑出土）　5．春秋（陕西户县出土）　6．春秋（河南新野出土）　7．战国（河南辉县出土）　8．战国（江陵天星观出土）　9．秦（始皇陵出土）　10．西汉（河北满城出土）

所装夹辅的情况判断，牙也是合二木而成[72]的。但《韩诗外传》卷五提到一位制车轮的工匠伦扁的话说："以臣轮言之：夫以规为圆，矩为方，此其可传乎子孙者也。若夫合三木而为一，应乎心，动乎体，其不可得而传者也。"这个故事又见《淮南子·道应》，可见汉代的轮牙多数用三木拼成。山东嘉祥洪山汉画像石中的制轮图所表现的轮牙，每段亦接近圆周的三分之一[73]。在轮牙各木的接缝之处装铜鍱，即铜牙箍，其上有孔，以细皮条穿缚，遂使牙木互相接牢。牙上也凿有榫眼；辐之装入牙内的榫名蚤，装入毂内的榫名菑[74]。在辉县琉璃阁出土的第 16 号战国车上，蚤、菑均是偏榫，车辐装好后均向内偏斜，从外侧看，整个轮子形成一中凹的浅盆状（图 3-14）。武威磨嘴子 48 号西汉墓出土木车模型的轮辐也是这样装的。此种装辐法应即《考工记》所称轮绠[75]。轮绠又称轮箪。《考工记·轮人》郑注："轮箪则车行不掉也。"孙诒让正义引戴震曰："轮不箪必左右佹摇。"而用此法，"则重势微注于内，两轮订之而定，无倾掉之患"。即此法

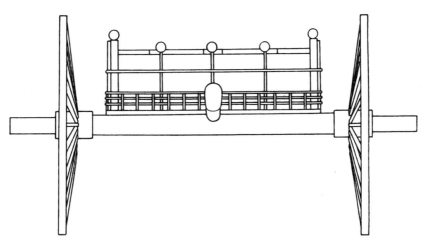

图 3-14　辉县出土战国车上所见轮绠结构

使辐形成内倾的分力，轮不易外脱。当道路起伏不平时，纵使车身向外倾斜，由于轮绠所起的调剂作用，车子仍不易翻倒。所以是一种符合力学原理的装置方法。可是因为其制作费工，故并非所有车辆都采用轮绠装置。

中国古独辀车的辐，商代多为十八根，但也有装二十二根或二十六根的，春秋时有装二十八根的，但直到战国中期，仍以装二十六辐者较为常见[76]。《老子》所说"三十辐共一毂"，《考工记》所说"轮辐三十"，似乎是举其整数。因为迄今只在甘肃平凉庙庄秦墓所出木车和始皇陵所出铜车上看到装三十根辐的车轮。河南淮阳马鞍冢 2 号战国车马坑之 4 号车装三十二辐，是已知装辐最多之例。西汉车如江苏涟水三里墩所出铜车模型装二十四辐[77]，长沙和武威出土的木车模型则均为十六辐。不过中国古车轮辐与盖橑的数字常约略接近，根据金属盖弓帽遗存，推知汉车有装橑达三十根以上的，所以不排除汉车有装三十辐的可能。至于古文献中提到的名辁之无辐板轮[78]，在发掘出土的独辀车上还没有见到过。而中国古车之所以装辐较多，是因为轮径较大的缘故。先秦车的轮径平均约为 1.33 米[79]。大体相当于驾车之马的鬐高。

车箱底部横向装轴，纵向则装辀。辀即辕。但如细加区分，则马车称辀，牛车称辕；单根称辀，两根虽装在马车上亦多称辕。辀尾起初与后轸平齐，后来常稍稍露出于车箱之外。这里正是登车的搭脚之处，易于损伤，所以商车已在辀尾加套铜踵。商车的铜踵有的只是一块 T 字形的平挡板，它上面的横直部分附于后轸中央，下垂的部分附于辀尾。但也有在挡板背后接出一段套管的，其断面呈马蹄形，正好将上平下圆的辀尾纳入[80]。商代晚期和西周早期的铜踵则略去横直之板，只保留套管部分。其侧面呈曲尺形，一端有凹槽，用以容车轸。其底面与侧面均饰以繁缛的花纹[81]（图 3–15：1、2）。但西周时铜踵

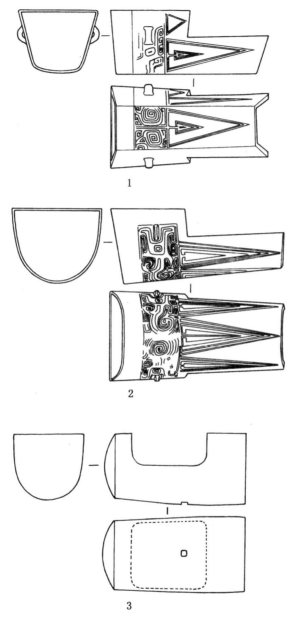

图 3-15　铜踵(前端正视、侧视、仰视)

1. 商(河南安阳孝民屯出土)　2. 西周早期(陕西长安张家坡出土)
3. 西周晚期(山东胶县西庵出土)

并不多见。金文言锡车器，也只在等级最高的场合，如《毛公鼎铭》中才有锡"金𨰿（踵）"的记载。至西周晚期，如在山东胶县西庵一座出蹄形实足鬲的墓中所见之铜踵，已简化成平素无文、末端微凸而中有方銎的筒形物（图3-15：3）[82]。春秋以后，铜踵遂隐没不见。

辀与轴垂直相交。自商到战国中期的车，轴上侧和辀下侧一般都凿出凹槽，以使二者互相卯合[83]。但在轴、辀上开槽，对它们的坚固性会有一些影响。至战国晚期出现将辀直接放在轴上的装置方法[84]。秦车在轴、辀之间垫以当兔，它相当于牛车上的钩心木[85]，这种作法是在始皇陵铜车上最先见到的。

辀伸出前軨木后，在车箱之前有一段较平直的部分名軓。商车在軓上或装铜軓饰[86]（图3-16）。西周及其后之车均未见此物。軓前逐渐昂起，接近顶端处稍稍变细，名颈，衡就装在这里。颈上也有用两片半圆筒状铜护套扣合起来加以包镶的，但只在长安张家坡170号井叔墓中见过一例[87]。颈外的辀端名軏，这一部分通常又转成接近水平的直线，仅见少数实例仍复上昂。軏本是木质的辀端，但有时在上面再装铜包头，此包头则称为铜軏。殷墟小屯20号车马坑所出的车已有兽首形铜軏[88]（图3-17：1）。西周铜軏多呈喇叭形，顶有圆当（图3-17：2~4）。战国时，铜軏又恢复成兽首形，辉县固围村1号墓与淮阳马鞍冢2号车马坑所出错金银兽首铜軏，工艺极精巧（图3-17：5~7）。汉代的铜軏有的作龙首形。满城1号西汉墓所出鎏金铜軏，口衔銎管以贯衡，结构更加完善（面3-17：8）。

辀颈上装衡，衡是用以缚轭驾马的横木。发掘中所见的商车，辀、衡多已分离。根据田野实测记录，安阳孝民屯7号车马坑中的车，衡的位置高于辀40厘米。殷墟西区1613号车马坑中的车，衡高于辀20厘米[89]。多数商代车辀仍保持着向上昂起的曲度。辀、衡间之所以出现距离，或是因为商辀多用较粗大的圆木揉成，在埋藏中受压

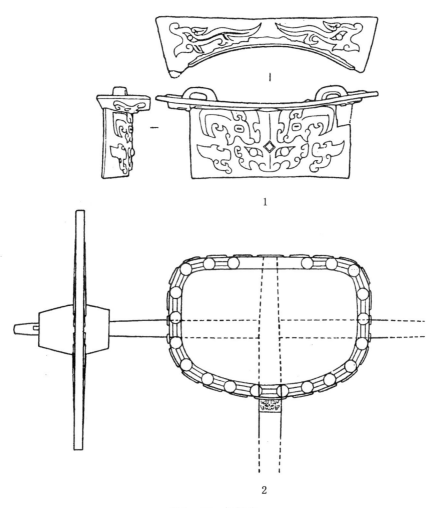

图 3 - 16　铜軨饰

1. 安阳小屯 M40 出土铜軨饰　2. 铜軨饰在舆前的位置[据张长寿、张孝光复原图，《中国考古学研究(一)》页 153、157]

载
驰
载
驱

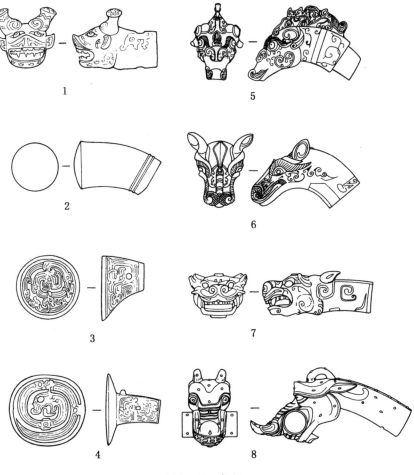

图 3－17　铜軏

1. 商(安阳小屯 M20 出土)　2. 西周早期(甘肃灵台出土)
3、4. 西周晚期(浚县辛村出土)　5、6. 战国早期(河南辉县出土)
7. 战国晚期(河南淮阳出土)　8. 西汉(河北满城出土)

而收缩变形所致。上述1613号车马坑中的辀出土时甚至呈向下塌陷状，可证。如果认为商车的辀、衡本不直接相连，当中还牵挂绳索[90]；那么，商车在前部就将失去稳定的支点，行车时会上下剧烈颠簸。因而此说恐与实用的要求不符。出土商衡有直衡和曲衡两种，直衡多为长1.1～1.4米的圆木棒；曲衡两端上翘，长约2米[91]。长安张家坡2号西周车马坑2号车的衡，长度达2.1米，两外侧渐细且向上翘起，顶端各横装一件铜矛状物，矛下面垂着用红色织物串起来的货贝和蚌鱼[92]（图3－18：1）。此类铜矛状物在浚县辛村42号西周墓中也出土过。其衡端的二矛所以向上翘起，应是为骖马留活动的空间。此类衡末铜饰除呈矛状的以外，还有呈兽首状的[93]（图3－18：2）。矛状衡末至秦代已简化成一头带尖的长条形铜板，如在始皇陵2号俑坑的木车上所见者（图3－18：5）。另外，在衡木上有时还套有管状铜饰，它的一端平齐，另一端作锯齿状，与建筑物壁带上的金釭之形相近[94]，或可称为衡釭。《诗经》里常提到“错衡”，毛传一律解释为“文衡”，即有纹饰之衡。但在《毛公鼎铭》所记锡车器的物品单中，错衡并不与画轉、画𨐌等为伍，而是与金甬、金踵等列在一起，表明它是金属制品，或者至少是装配有较多金属零件之物。按错字可训邪行逆上[95]，因而这种两端上翘、装矛状铜饰的衡或即错衡。春秋以后，错衡不再出现，衡饰趋于简化，一般只在直衡上装衡末。陕西凤翔八旗屯BS33号春秋车马坑中出土的衡末呈圆筒形，饰蟠虺纹[96]。山东莒县大店春秋墓中出土的衡末则饰以羽状纹[97]。战国车上或装骨质衡末，如辉县琉璃阁战国车马坑中所见者。满城1号西汉墓所出衡末饰凸弦纹，与其軏首的式样相近[98]（图3－18：6）。汉代衡末最华丽者出土于曲阜九龙山4号西汉墓，通体鎏金，浮雕龙纹，顶端作四出花瓣形，中有花蕊，为此时同类制品中所仅见。

衡的正中部位装𩎟钮，缚衡的𩎟即穿过它将衡系结在辀颈上。𩎟

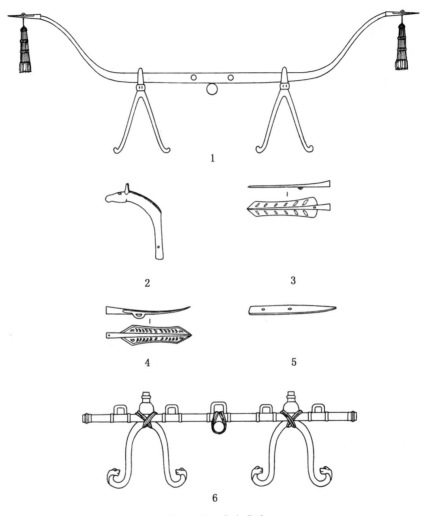

图 3-18　衡与衡末

1. 装矛状衡末的西周错衡(长安张家坡出土)　2. 西周兽首状衡末(北京琉璃河出土)
3、4. 西周矛状衡末(长安及扶风出土)　5. 秦代矛状衡末(始皇陵 2 号兵马俑坑出土)
6. 装圆筒状衡末的西汉直衡(满城出土)

钮见于辉县琉璃阁 131 号战国车马坑中的 1 号车，为扁方形铜环（图 3－21：5）。始皇陵 2 号铜车上的鞶钮则为半圆形银环[99]。顺便说一下，古独辀车虽然个别部分采用榫卯结构，但多数部件是用革带绑缚的。这些革带有的有专门名称，除了缚衡的鞶以外，缚伏兔之带名辑，缚轴之带名鞶，缚轭之带名靷，缚裹长毂并予以加固之带名軝，不一而足[100]。绑缚之时还要施胶，即《考工纪》所谓："施胶必厚，施胶必数。"但仅仅绑缚施胶，水浸后还会松脱，《盐铁论》一书的结尾部分，就记下了一句嘲笑这种不结实的胶合车的歇后语[101]。所以在外表还要涂漆。《急就篇》说涂了漆的车颜色"黑苍"。这样可使结构牢固，整体性好。

回过来再看车衡，如前所述，衡主要是用以缚轭的。轭装在衡左右两侧，用它夹住两服马之颈。骖马一般不负轭，偶或有负轭者，也都游离于衡外。商车有在木轭上装铜轭首、轭颈、轭箍、轭軥等部件的；也有连轭肢都用铜制外壳，而内包木骨的[102]（图 3－19：1、2）。西周的情况与商代大体相近，这是一个值得注意的现象。因为商车上只有少量铜车具，都装在很关键的部位如踵、軎等处，可是它们用铜之量还不如轭，反映出此处所承之力相当大，应与当时采用的轭靷式系驾法紧密相关。浚县辛村 25 号西周车马坑出土的一件轭，能看清楚其木质部分的结构：轭由三根木头组成，两肢揉曲，当中的一根作楔形；将两肢木装进轭箍、轭首，然后将楔木尖端向上楔入[103]（图 3－19：4）。这样，上面的压力愈大，则进楔愈深，箍也就愈紧，结构很合理。春秋以后，轭上的铜件只剩下轭首和轭軥。汉代的轭首进一步缩小，已经起不到箍住轭肢的作用；铜轭軥也变成匙形，只包住轭肢末端了。轭的两侧装轵，用以贯辔。北京琉璃河和河南洛阳均曾出土西周铜轵[104]。战国和汉代的轵式样仍无多大变化，均呈倒 U 字形。豪华的鎏金铜轵，如徐州龟山 2 号、曲阜九龙山 4 号等西汉墓所出者，

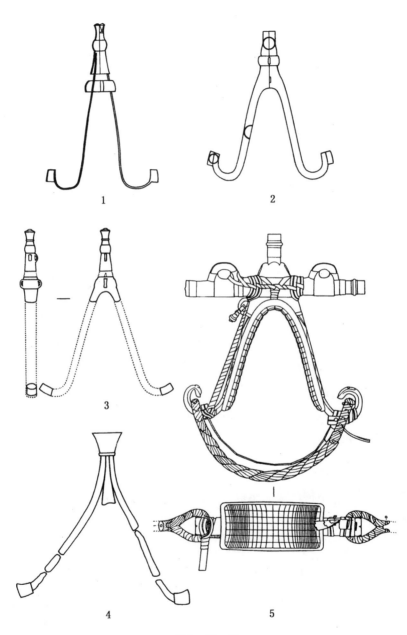

图 3-19 轭

1、2. 商(河南安阳孝民屯出土) 3. 西周(陕西长安张家坡出土)
4. 西周(河南浚县辛村出土) 5. 秦(始皇陵出土)

在倒 U 字形的弧顶增饰山峦、龙、兽[105]（图 3 - 20），与习见者不同。

衡上除了这些实用性的车具外，还有一种仪饰性的部件——銮。銮出现于西周，商车上尚未见过。它的下部为方銎，上部呈扁球形，辟放射状裂孔，中含弹丸，行车时振动作响。銮即周代金文所记车器中的金甬，甬字金文作甬（毛公鼎），即铜銮的侧视形[106]。它通常装在从轭首透出的轭木上，但如胶县西庵所出的轭并无轭首，装銮后銮銎兼充轭首。一般车上如只在轭顶装銮，则仅有二銮。长安张家坡 2 号车马坑之 1 号车，其居于衡外的两匹骖马也负轭，轭顶也装銮，则共为四銮。但古文献中常强调高级马车上的八銮，如《诗·大雅·韩奕》之"百两彭彭，八鸾锵锵"，《大雅·烝民》之"四牡骙骙，八鸾喈喈"，《商颂·烈祖》之"约軧错衡，八鸾鸧鸧"；可见对此物之重视。从构造上说，倘要装足八銮，或可如辉县琉璃阁 131 号车马坑中 1 号车的方式，除两骖各装一銮外，在衡上的四个轭顶也各装一銮，共为六銮；再加上服马轭顶的二銮，则共为八銮。又如淮阳马鞍冢 2 号车马坑中 4 号车的方式，在服马的两轭间装两套双銮，再加上两轭首上的銮，亦为六銮。可是此车在衡的两端还各悬一铃，这两个铃或为和铃，即张衡《东京赋》所称："銮声哕哕，和铃铃铃。"行车时，銮声与铃声可以形成和鸣的效果[107]（图 3 - 21）。銮在西周车上相当流行，春秋战国时渐少见。湖北当阳赵巷 4 号春秋中期墓中出土的銮已改变成横置的扁球形，此制为汉代所沿袭，不过只发现过寥寥几例[108]。

还有一些铜件是装在马身上的，其中有的纯属装饰品，如马冠，又名钖[109]，它和銮一样，亦始见于西周。它的冠体应是一个皮套子，出土时皆已朽失不存，但附在上面的铜兽面却保存了下来，有合铸为一整体的，也有耳目口鼻分铸的（图 3 - 22）。此物的流行时间比较短，春秋时已不再出现。

载
驰
载
驱

图 3-20 轵

1. 春秋(奈良天理参考馆藏) 2. 战国(河南辉县出土)
3、5. 西汉(河北满城出土) 4. 西汉(徐州龟山出土)
6. 西汉(曲阜九龙山出土)

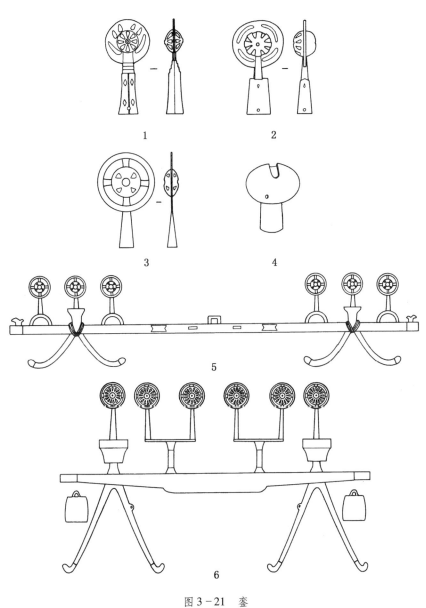

图 3 - 21 銮

1. 甘肃灵台白草坡出土西周铜銮 2. 陕西户县宋村出土春秋铜銮
3. 河南辉县琉璃阁出土战国铜銮 4. 湖北当阳赵巷出土春秋铜銮
5. 辉县出土战国车上所装之銮 6. 淮阳出土战国车上所装之銮

载
驰
载
驱

1   2

3   4

5   图 3－22　镊   6

1.陕西长安张家坡出土　2、4.芝加哥美术研究所藏
3、5、6.河南浚县出土

马的辔头名勒，金文中称为攸勒。清·马瑞辰《毛诗传笺通释》卷一八说："鋚革古或作鋚勒，《石鼓文》及《寅簋文》并云'鋚勒'是也。或省作攸勒、攸革。"《诗·周颂·载见》："鋚革有鸧。"郑笺："鋚革，辔首。"故攸勒即辔首亦即后世所称辔头。或以为攸、勒系二物，分别指现代所说的缰绳和笼头，不确[⑩]。但辔头与络头尚有区别。《说文·革部》："勒，马头络衔也。"而《急就篇》颜注说："羁，络头也，谓勒之无衔者也。"可见络头只是勒，即辔头的一部分，不包括马衔在内。它一般由项带、额带、鼻带、咽带、颊带等组成。在这些带子上常串以小铜管、小铜泡或货贝，后一种即《仪礼·既夕礼》所称之贝勒。在络头革带的纵横交叉处常装十字形四通管状节约。在马额前则常装形状特殊的铜饰，名钖，汉代通称当卢。《周礼·春官·巾车》郑众注："钖，马面钖。"郑玄注："钖，马面当卢，刻金为之。"《诗·大雅·韩奕》郑笺："眉上曰钖，刻金饰之，今当卢也。"《急就篇》颜注也说："钖，马面上饰也，以金铜为之，俗谓之当卢。"唯《说文·金部》谓："钖，马头饰也。"对照起来看，许君所称马头，即先、后郑及颜师古所称马面。因为钖饰于马额前，泛称饰于马头，亦无不可。当卢则是汉时后起之名。或以为钖指马冠，殆是误解[⑪]。安阳孝民屯南地商车与胶县西庵西周车之马，都在额前装圆泡形钖，其状与浚县辛村所出有"卫白易"铭文之铜盾钖的轮廓完全一致，故可以确认[⑫]。甘肃灵台白草坡、山西洪赵永凝堡、河南浚县辛村等地出土的西周铜钖，则于圆泡上方突出两歧角，下方垂一长方形鼻梁[⑬]；这种形式的钖在西周曾广泛流行。战国铜钖如辉县赵固1号墓、山西长治分水岭14号墓所出的，呈圆形，中心透雕蟠虺纹或夔纹[⑭]，式样仍与圆泡相近。始皇陵2号铜车上的金钖作上圆下尖，两侧各有三弧的垂叶形。常见的一种汉钖基本上承袭了这一造型，惟其垂叶上尖下圆为小异。满城西汉墓所出此式钖，用鎏银

中国古独辀马车的结构

衬地，以阴线雕出鸟兽和图案化的流云纹，其上鎏金。满城还出一种马面形锡，两耳上卷，马髦簇起，鼻梁镂空，复加细线雕。马面形锡的外轮廓在西汉时不断发展，湖南长沙 401 号西汉晚期墓所出的，顶部与两侧均伸出鸟头[115]，如果不是根据演变的脉络进行比较，几乎就难以查知其造型的渊源了（图 3－23）。

衔镳也是勒的组成部分。衔是马口中的嚼子，衔的两端有环，环外系辔，环中贯镳。商代多用革带等材料作马衔，铜衔仅在殷墟西区1613 号车马坑等处见到极少的几例。但商代的镳却多用铜制，常见的一种为方形，中有孔，上有半环，两侧为管状[116]。估计使用时将革制的衔从当中的孔里穿过去，上部的半环用以系辔，两侧的管中贯皮条与络头相连。铜衔在西周时已较普遍[117]，两端用圆形[118]或角形镳绾住。角形镳的使用更普遍些，长安张家坡 55 号西周车马坑与北京昌平白浮西周墓中且均出鹿角镳[119]，所以镳字也可以写作觼[120]。春秋时代的角镳在河南新野曾国墓、安徽寿县蔡侯墓等处均曾出土[121]。战国时，角镳和骨制角形镳也不罕见。风气所及，铜镳也常仿角镳之形，如浚县辛村等地西周车马坑出土的铜镳就有仿角形的。但铸铜时造型可自由设计，所以西周铜镳又有蝌蚪形、S 形等多种式样。S 形铜镳在汉代也很流行，或将其两端作成桨叶形，或附加镂空的卷云纹，式样很多（图 3－24）。也有鎏金或以错金构成花纹的。但满城 2 号西汉墓仍出仿角形的扁条象牙镳[122]，可见角形镳影响之深远。

衔镳的外侧，应系辔即缰绳。但它和鞦、靷等革带与绳索的安排，关系到系驾方式问题，当另文论述[123]。此外，这里也没有谈到各类车的整体造型。这是因为尽管各类车的形制不尽相同，但其基本结构和主要部件，却大抵不出上述范围。

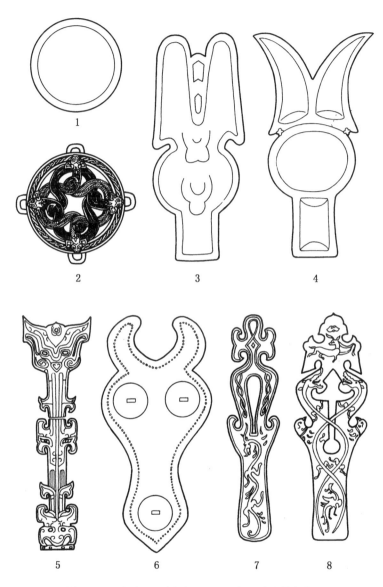

图 3 – 23　锡(1、2. 圆形　3～8. 马面形及其变体)

1. 商(河南安阳大司空村出土)　2. 战国(山西芮城出土)　3. 西周(北京琉璃河出土)
4. 西周(陕西长安张家坡出土)　5. 西周(陕西扶风出土)　6. 西汉(河北满城出土)
7. 西汉(湖北光化出土)　8. 西汉(湖南长沙出土)

载
驰
载
驱

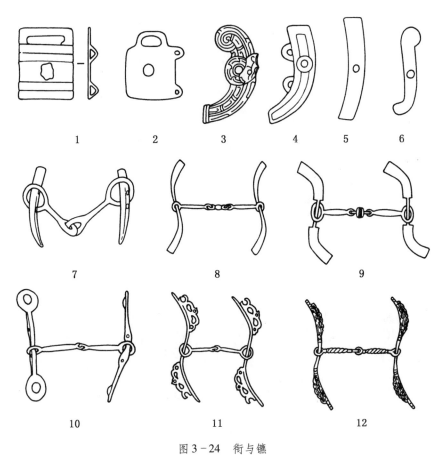

图 3-24　衔与镳

1. 商(河南安阳孝民屯出土)　2. 西周(河南浚县出土)　3. 西周(陕西扶风出土)
4～6. 西周(河南浚县出土)　7. 春秋(陕西户县出土)　8、9. 西汉(河南洛阳出土)
10、11. 西汉(湖北光化出土)　12. 西汉(河北满城出土)

74

中国古马车的三种系驾法

按绝对年代讲，车在中国出现的时间较西亚为晚。公元前 3000 年，两河流域已知造车。乌尔（Ur）出土的镶嵌画上的车和特勒阿格拉布（Tell Agrab）出土的铜车模型都是以四头牲畜曳引的。这些车有独辀和短衡，并以颈带把牲畜的颈部固定在衡上。它们曳车时，由颈部受力，通过衡和辀拖动车子前进（图 4-1）。但我国已发现之有关车的考古资料只能追溯到早商时期，在河南偃师商城发现过车辙印痕、青铜车軎和铸軎用的陶范，年代约为公元前 16 世纪[①]。已发现之整体的古车则是商代晚期的，绝对年代不早于公元前 13 世纪。至于反映出系有牲畜的车的形象，在中国考古材料中要到公元前 5 世纪才出现，更比西方晚[②]。因此，过去研究者对于中国古车的起源和早期的系驾法，难以作出明确的论述。如果撇开系驾部分不谈，仅仅观察车身这一局部（图 4-2），或者拿古汉字中车的象形及某些简单刻划与西方的这类刻纹相比较（图 4-3），有时彼此竟颇相似，给人以东西方古车属于同一类型、同出一源的印象。但这种印象其实是经不起分析的，即以本文所举的例子而论，图 4-3：1、3 都在独辀和相当于轭的部位连以斜线，此斜线在西方的古车刻纹中从未出现，而它却正透露出中国古车之系驾法的重要特点。关于这个问题，容于下文再作讨论。

1

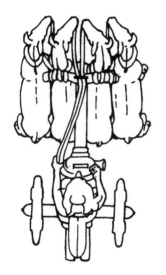

2

图 4－1　两河流域的古车

1．乌尔出土　2．特勒阿格拉布出土

1

2

图 4-2　中国古车与西方古车的车身

1. 埃及底比斯出土的新王国时代的木车
2. 河南浚县西周卫侯墓出土木车的复原模型(此模型将衡装于辀下,实误)

　　为了便于进一步的探索,这里先谈谈中国古车的创制时间问题。众所周知,在有出土实物可资考证的晚商时期,中国古车已经比较完备了,所以在此之前,还应当有一个从雏形发展起来的过程。在生产力低下的远古,这个过程需要经过人们若干世代的社会实践才能完成,不可能在短期内完成,更不可能由某个人来完成。可是在历史传说中,往往把黄帝及其臣僚推为许多种日用器物的发明者③。而惟独车,大多数先秦文献都认为是在夏代创制的④。第一位著名"车正"

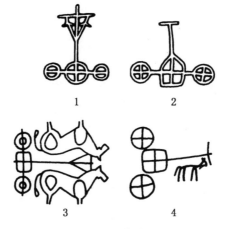

图4-3　象形字和简单刻纹中的车

1. 车且丁爵(商代)　2. 石柜刻纹(高加索地区,前二千年代)
3. 骨刻(内蒙古宁城,战国时代)　4. 陶器刻纹(南俄,前二千年代)

奚仲的名字见于《左传》⑤。在这部以翔实著称的古老编年史中并没有提到黄帝。所以不仅近人怀疑古籍中有关黄帝的记载并非信史⑥,同时"黄帝制器"与"奚仲造车"二说在史料的可信度上也是不相同的,前者具有臆想成分,后者则是根据世代相承的口头传说写下的记录。

目前,在初步判断为夏代的各文化遗址中尚未发现过车。但车的发明,应以轮转工具发展到一定程度为其先决条件。中国新石器时代出现的纺轮、陶轮,特别是琢玉用的轮形工具,在技术发展史上都应被看作是车的直接或间接的前驱。纺轮在新石器时代早期的浙江余姚河姆渡遗址中已经出现⑦。但它的改进极为缓慢,至商、周时代,式样仍无多大变化。继纺轮之后,陶轮在仰韶文化中也出现了⑧,早期的慢轮用于对陶器作局部修整;后来在大汶口文化晚期和龙山文化中,才普遍使用陶轮来制作陶器。到了新石器时代晚期,用快轮所制的器壁匀薄的蛋壳陶的出现，标志着陶轮的使用已进入成熟时期。不过陶轮只需带动湿软的泥坯作回旋运动，其传动部分受力不大。琢玉工具的情况又有所不同。虽然在河姆渡遗址中已发现过玉器，但器形不规整，琢制技术还很原始。及至新石器时代末期，琢玉工艺有了长足进步。江浙地区之良渚文化遗物中，有些大玉璧直径达20厘米以上，造型极为规整，有的在其表面仍能观察到若干细微的同心圆形擦痕，应是用某种旋转的轮形工具蘸以研磨砂进行加工时留下的。由于玉质坚硬，故这种工具受力的强度当较陶轮为大。而车，作为轮转工具较高发展阶段的产物，当然不可能在刚开始使用纺轮的新石器时代早期出现，然而此后又经过几千年的发展，人们对轮转工具性能的认识逐渐深化，装置逐渐改善，效率逐渐提高，到了大约接近古史中的夏的时代时，已经能够用轮转工具把玉料碾琢成规整的器形，将轮子应用到车上也就有了可能。这在古史记载中也有踪迹可寻。《尚书·甘誓》一般认为是夏启与有扈氏在甘地作战的誓师词，其中说："左不攻于左，汝不恭命；右不攻于右，汝不恭命；御非其马之正，汝不恭命。"历来的研究者都认为左、右、御指车左、车右和御者⑨。果依其说，则这时已有容三人的战车了。因此，中国在夏代开始造车的说法，既有古文献上的依据，又符合技术发展史的顺序，所以较为可信。当然，更确切的答案尚待找到直接证据后才能得出。

中国古车的出现与中国古代轮转工具的发展相符合，这使人大胆设想，中国的车是中国独自发明的。而对于这一设想，可以通过东西方古车系驾法的比较来加以验证。

但对中国古车早期的系驾法进行研究时，却遇到若干困难。首先是系驾的鞁具多用皮革制成，迄今大都朽失不存。其次是随葬的遣车不一定在系上马之后才掩埋。在已发掘的车马坑中，有的车与马分两处掩埋；有的先将马处死摆好，盖上席子，再在上面放车；有的只埋车而不埋马，即如《荀子·礼论篇》所说："舆藏而马反，告不用也。"至于在以车马器作为殉车象征的例子中，也往往少见轭具上的零件，或亦如《礼论篇》所说"趋舆而藏之；金革辔靷而不入，明不用也"的缘故。由于不了解轭具的装置情况，所以关于中国古车的系驾法的问题，长期未能彻底解决。

当研究者对这个问题感到可靠的根据很不足时，西方古车的系驾法就成为重要的参考资料。如前所述，西方古车的系驾法是从以颈带将牲畜固定在衡上开始的，颈带是牲畜曳车前进时的主要承力部位，故此法可称为"颈带式系驾法"。采用这种系驾法时，马的气管受到颈带的压迫，马跑得愈快，愈感呼吸困难，这使马的力量的发挥受到很大限制。所以古代西方没有中国那种可用于车与车之间作近距离格斗的战车，因为这是那些呼吸不畅的马所难以胜任的。西方的战车一般用于奔袭或追击，车上的武士所用兵器主要是弓箭。西方古车的轮径通常不超过90厘米，车箱距地面较近，当接近敌人时，便于武士跳下车来，用短兵器进行步战。同时由于轮径小，所以不能在轴与马的受力部位之间，用一条平行于地面的靷绳进行连接，力的传导要靠向上昂起的辀承担。中国古车的情况则不同。中国不但有战车，而且有车战。在商、西周至春秋的长时期中，战车兵是战场上最重要的兵种。先秦时代，常以战车的多寡作为衡量一个诸侯国国力的尺度，如所谓"千乘之国"、"万乘之君"等提法，都是从这个意义上派生出来的。造车在中国古代是一个集大成的工艺部门，被称为"一器而工聚焉者，车为多"[⑩]，所以流传下来的文献记载也比较丰富。从而使我们知道，当时的马是通过靷来曳车的[⑪]。如果不用靷，那么，无论是两河流域所采用的只用颈带的方式，还是像埃及新王国时代与古希腊及罗马共和国时代所采用的在颈带之外再加腹带的方式，系驾时都必须将马紧缚在衡上，以致颈带压迫马的气管的问题，变得难以解决

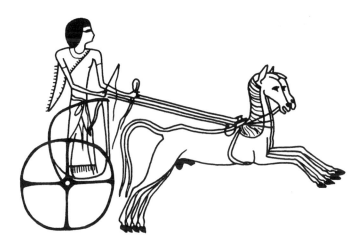

图4-4　古埃及新王国时代壁画中所见颈带式系驾法

（图4-4）。而有靷的中国古车却避开了这个难题。所以，靷的有
无，成为划分早期古车类型的一项标准。20世纪60年代初，有人曾
对河南陕县上村岭虢国墓地出土的车，按颈带式系驾法作出复原方
案[12]，未能反映出中国古车系驾的特点。70年代末推演出的另一种周
代马车的系驾方案，虽然将古文献中所提到的靫、靷等多种輓具都作
了安排，但此方案以汉代古车为模型，以致未能区分先秦与汉以后的
车的不同点，使人误以为早期的先秦古车也采用了汉代通用的胸带式
系驾法[13]。80年代初，陕西临潼秦始皇陵西侧出土了两辆随葬的铜马
车，其中的2号车已经修复。这辆车是以四匹马曳引的，造型严谨，
各种构件和系驾的輓具都以金属制成。这才为认识中国早期古车的系
驾法提供了可靠的依据[14]。

　　在始皇陵2号车上，服马通过系在两轭内侧的靷上的两条靷绳来
曳车（图4-5；4-8：1），即《左传·哀公三年》所称"两靷"。两
靷的后端系在舆前的环上，再用一条粗绳索将此环与轴相连接。由于

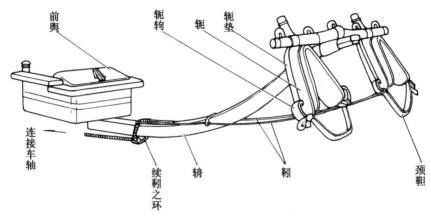

图 4 - 5　轭靷式系驾法示意图

（据始皇陵 2 号铜车）

中国古车的轮径较大，平均约 1.33 米，所以自轭軥至轴的连线接近于水平状态。将靷系在这里，马的力量能够集中使用，减少了对曳车前进无效的分力。在每匹服马的轭脚下虽然也系有称为颈靼的带子，但它与颈带式系驾法中的颈带的作用不同，马并不通过它来曳车，因而它受力不大，不会影响马的呼吸。在 2 号车中，真正受力的部件是叉在马肩胛前面的轭，传力的则是靷。颈靼只为防止服马脱轭而设。轭底下则衬以软垫，即𫐄；在河南浚县辛村和北京琉璃河出土的西周车上，均曾发现𫐄痕。正是由于轭受力大，所以商代车上的轭有的包有铜套，显示出它是一个需要加固的部件。这都表明 2 号车所采用的系驾法还可追溯到更为久远的年代。商代金文中的"车"字作 、、 等形⑮，其中的车辀虽有俯视和侧视之别，但都有两条斜线从轭軥连到舆前，与图 4 - 3：1、3 中的斜线所代表之物相同。现在看来，它们就是两靷。再考虑到商、周时在轭上包铜套以加固并衬以软垫的情况，则当时所采用的系驾方式与始皇陵 2 号车应大致相同。依其受力的最主要的辅具来命名，可以称为"轭靷式系驾法"。这种系驾法与颈带法完全不同，其中不仅看不出任何受西方影响的痕迹，而且还比用颈带法系驾更适合马体的特点，有利于马力的发挥。以轭靷法系驾的中国古车，车轮大，车箱小，车体较轻，由四匹呼吸通畅的马曳引，可以达到相当快的速度。一辆驷马车所占的面积约为9平方米，这样一个奔驰前进的庞然大物，以它所挟带的动能，可使车上战士的弓矢戈矛发挥更大的威力，形成如《诗·小雅·采芑》所描写的，戎车"啴啴焞焞，如霆如雷"之势。据记载，在开阔地带以横队展开的战车群⑯，向无此装备的对方进攻，将使对方难以抵御。西周的《不其簋铭》中，曾提到秦的不其率战车抗击严允的一次战争。这支战车部队与对方"大敦搏"的结果，"多折首执讯"，"多擒"，获得了重大的胜利⑰。

可是在这种以轭靷法系驾的古车上，两匹服马各曳单靷，两匹骖马也各曳单靳，靷和靳的系结点在车箱底部的分布和各条靷绳受力的大小必须安排得当，否则车子很难按照御者的意图平稳地前进。所谓"四黄既驾，两骖不猗"，"四牡騑騑，六辔如琴"⑱，是作为其理想的行车状态提出来的。而要达到这种控纵自如的状态，必须用心掌握驾车的技巧，所以"御"是孔门六艺之一。特别是在坎坷的山地，这类古车因为体积大，驾驭起来更难以保持平稳。春秋时，郑国与北狄作战以前，郑伯曾哀叹："彼徒我车，惧其侵轶我也。"后来晋国与狄人作战时，主将魏舒又说："彼徒我车，所遇又厄。以什共车，必克；困诸厄，又克。请皆卒，自我始。"⑲即在遇到不利行车的地形时，一辆战车甚至难以抵御10名徒步之敌，所以将战车兵完全改编为步兵，才战败了狄人。因而从战国时代开始，车战已逐渐过时。虽然，车战被淘汰的过程持续了好几个世纪，但在旧式战车完全退出历史舞台以前，中国古车已开始向新的车型过渡，它的最明显的标志是将独辀改为双辕。

　　先秦时，驾马的战车又名戎车、轻车，它只安装独辀；而"平地载任"之具的驾牛的大车才安装双辕。战国早期的陕西凤翔八旗屯BM103号墓曾出土陶双辕牛车[20]。但这时双辕牛车被认为是一种笨重的运输工具，不受重视。可是随着车战的衰落，马车逐渐退居到主要用于出行的地位，因而对车速的要求有所降低，对行车安全的防护设施也不像早期战车那样要求严格。在早期的战车上，为了避免倾覆而装以长毂；为了避免骖马内侵、服马外逸，不仅用各种革带约束，还装有若干防护设施；为了使骖马听从役使，除马衔以外，还在马的口中加一副带刺的橛。而当双辕马车出现后，情况则大为改观。现已知道的装双辕驾一马的车，最早发现于战国晚期的河南淮阳马鞍冢1号车马坑和甘肃秦安秦墓中。在湖南长沙楚墓出土的漆卮上也绘有驾一马的车[21]。由于只驾一匹马，不仅鞅具得以简化，系驾方式也随之改变。驾一匹马不能只系单靷，而必须系双靷。最早的一马双靷式的车可能将靷系在轭的左右两軥上；但这种情况只在江苏扬州姚庄西汉"妾莫书"墓出土的漆奁的彩绘上见过，证据尚不充足。在西汉的空心砖上，则可以看到靷已与轭分离，两靷连接为一整条绕过马胸的胸带（图4-8：2）。马曳车时，由这条带子受力，可以称为"胸带式系驾法"。采用这种系驾法后，轭仅仅起着支撑衡、辕的作用。由于轭的作用已经改变，所以在汉代的马车上既看不到鞲，更看不到铜轭套了。

　　西方古车直到公元后才开始缓慢地加以改进，在罗马帝国时代仍有采用颈带式系驾法的车（图4-8：4）。后来虽然出现靷绳，但仍然将它系在颈圈上[22]，系驾法并未完全摆脱旧的方式。在西方，安装双辕的车到中世纪才开始推广。在这种车上出现胸带式系驾法，则不早于公元8世纪（图4-8：5）。而这时，中国古车的系驾法却又向鞍套式过渡了。

　　同轭靷式系驾法相比较，胸带法不仅简便，而且将支点与曳车时的受力点分开，分别由马的颈部和胸部承担，使马体局部的受力相应地减轻。但架在马颈上的轭的位置偏高，车的重心随之而提高，疾驰急转时由于离心力的作用所产生的倾覆力矩也就大，从而增加了翻车的机率。同时，由于车辀被揉成曲度颇大的弧线，所以难以利用粗硕的木材。《考工记》虽然要求"辀欲颀典"，实际上却不容易做到。《汉书·苏建传》说："长君（苏嘉）为奉车，从至雍棫阳宫，扶辇下除，触柱折辕。劾'大不敬'。伏剑自刭。赐钱二百万以葬。"可见这类意外事件，曲辀之车恐难以完全避免。而且，采用胸带式系驾法时，曳车的主要受力部位是马的胸部，而马体最强有力的肩胛部却未能充分发挥作用。这些都是胸带法的不足之处。

　　西汉及东汉前期马车的辕衡结构，可以著名的武氏祠画像石为代表（图4-6：1）。其中的车辕弯曲到那种程度，显然不会太坚固[23]。所以到了东汉晚期，山东福山、沂南等地出土的画像石中之车，及甘肃武威雷台所出铜制明器马车上，都在从车辕中部到轭辀之间增加两根加固杆（图4-6：2），这是防止折辕的一项安全措施。可是这样一来，辕衡结构更加复杂，并不理想。

　　与此同时或稍早，为了增加行车的稳定性，一项降低辕端支点，减小车辕弧度的实验正在驾马的大车即輂车上进行[24]。这种车的车辕本较粗大，弧度也较浅。因而这种车型此时得到推广。孝堂山下出土的一块画像石上之车，车衡作兀字形（图4-6：3），传沂州右军祠画像石第二石中之车衡亦作此式[25]。兀字衡的两端下垂，辕前部只须稍稍上昂，便能和它接上，这就使车辕的弧度更减小了。但是兀字衡仍不易制作，亦欠牢固，所以在武氏祠画像中的輂车上，又出现了一种对前者略加改进的"轭式衡"（图4-6：4）。效果依旧，却要结实

中国古马车的三种系驾法

85

載馳載驅

图4-6 从胸式系驾法向鞍套式系驾法的过渡

1、4. 东汉武氏祠画像石 2. 东汉沂南画像石 3. 东汉肥城画像石 5. 东汉末—三国初辽阳棒台子屯墓壁画 6. 西魏大统十七年石造像 7. 莫高窟156窟晚唐壁画 8. 《清明上河图》 9. 故宫博物院藏宋代錾花铅罐

一些。这种形制代表了当时的改进方向，因为在辽宁辽阳棒台子屯曹魏墓壁画中所见的各类车，都取消了车衡，将辕端直接连接在轭軥上（图4-6：5）。这不仅在"轭式衡"的基础上前进了一大步，而且表明上述实验已经超出了輂车的范围。这里的车辕甚至已成为一条几乎没有弧度的直杆了。但同时轭脚却需斜向外侈，以迁就辕端。揉辕的困难虽然免除了，侈脚的大轭却又成为亟待改进的对象。

可是就在侈脚轭出现的时期，高级牛车已开始流行。《晋书·舆服志》说："古之贵者不乘牛车，……其后稍见贵之。自灵、献以来，天子至士庶遂以为常乘。"《古文苑》卷一〇曹操《与扬太尉书论刑杨修》中说："谨赠足下……四望通幰七香车一乘，青牸牛二头。"宋·章樵注："牛所以驾车者。"这是有关高级牛车之形制的最早的具体记载，它和以前的被称作"柴车"的牛拉大车是大不相同的。魏、晋以后，这类牛车日益风行，十六国以来的大墓中表现出行的陶俑群或壁画中多以牛车为主体。石崇、王恺、王导等人都留下了和牛车有关的故事。《颜氏家训·勉学篇》说："梁朝全盛之时，贵游子弟，……无不……驾长檐车，跟高齿屐。……从容出入，望若神仙。"长檐车指的就是高级牛车，因其车棚前出长檐。段成式诗"牸牛独驾长檐车"，又"长檐犊车初入门"，可证。通幰长檐之牛车，高大严密，车中可以设凭几，任意倚坐。而以前驾马的轺车之类，大都四面敞露，所以贵族乘车时还要讲究姿势。《论语·乡党篇》："升车：必正立，执绥。车中：不内顾，不疾言，不亲指。"这话并不仅是说说而已，确实有人照办。《汉书·成帝纪·赞》："成帝善修容仪，升车正立，不内顾，不疾言，不亲指，临朝渊嘿，尊严若神，可谓穆穆天子之容者矣。"但一上车就要如此矜持，实在比较吃力；因而既有衣蔽且较舒适的高级牛车，自然就得到了那些谈玄、佞佛的南朝统治者的偏爱。

不仅南朝如此，北朝也不例外。《北史·瑯琊王俨传》："魏氏旧制：中丞出，千步清道，王公皆遥住，车去牛，顿轭于地，以待中丞过。"又《艺术·晁崇传》："天兴五年，……牛大疫，乘舆所乘巨犗数百头，亦同日毙于路侧。"可见其用牛车之盛并不亚于南朝。在这种情势下，秦汉以来最常见的驾马之轺、辂等车型乃迅速消失。这时的马多用于骑乘。除辇车外，高级马车不多见，偶或有之，它的车箱也常常仿效长檐牛车的形制。因而，在系驾方式方面，这时的马车也就更进一步地向牛车靠拢。莫高窟 257 窟北魏壁画鹿王本生故事中的马车，及西魏大统十七年（551 年）石造像之供养人的马车⑳（图 4－6：6），就是这样的。可是马的鬐甲低于牛的肩峰，这种方式不能完全适应马体的特点。至唐代，在莫高窟 156 窟壁画中的一辆与上述西魏马车结构相同的车上，驾车之马的颈部出现了用软材料填充起来的肩套（图 4－6：7），这样可以增加马鬐甲部位的高度，当曳车时使缚在衡上的轭不易从马肩滑脱。软肩套是近代鞁具中的重要部件，从这个例子来看，它在中国的发明时间当不晚于 9 世纪。但唐代的肩套还要与轭配合使用，在宋代的《清明上河图》中才出现了一辆由四头驴直接用肩套引曳的车（图 4－6：8）。不过这时尚未发明小鞍（驮鞍），是由赶车人自行把驾，以保持车的平衡。小鞍可能是南宋时发明的，纪年明确的例子没有找到，只在故宫博物院所藏一宋代錾花铅罐的纹饰中发现过配有小鞍的牛车（图 4－6：9）。肩套和小鞍一同装备到马车上的时间则不晚于元初，西安曲江至元二年（1265 年）段继荣墓出土的陶车是我国已知之最早采用小鞍—肩套式系驾的车㉒（图 4－8：3）。鞍套式系驾法免除了木轭对马造成的磨伤，降低了支点，放平了车辕，而且可以充分利用马适于承力的肩胛两侧。也就是说，采用此法既可保持行车的稳定，又能增加马拉车的力量。至此，近代式的系驾法已基本完成，而且一直沿用到今天。

综上所述，我国古代马车在系驾方面主要采用轭靷式、胸带式和鞍套式三种方法，其使用时间约相当商周至战国、汉至宋，以及元以后三个时期。轭靷法在古代世界上独树一帜，显示出我国早期的驾车技术无疑是我国自己的一项发明创造。综合车身与系驾的整体情况而言，这时中国古车和西方古车的差别是很大的，所以无法把中国古车说成是西方古车的仿制品。中国以后出现的各种系驾法，也都是在不断提出问题和解决问题的过程中，当经验积累到一定程度时，才取得了突破性进展的。它们从萌芽到成熟期间所留下的足迹，在考古材料中都有线索可寻。

西方的古车起初是以小轮和颈带式系驾法为特征的，直到8世纪时才出现了采用胸带式系驾法的大轮车。虽然如此，但颈带式系驾法继续使用。10世纪时，传统的颈带才被颈圈所代替，车靷直连颈圈，仍在很大程度上保存着颈带式系驾法的特点。大约在13世纪初，欧洲挽具中出现了用软材料装填的肩套，但没有小鞍㉘（图4-7），其发展阶段约与我国北宋末年反映在《清明上河图》里的状况相当。在欧

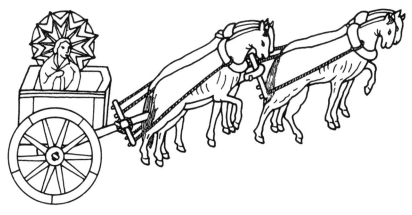

图4-7　使用肩套的欧洲马车(13世纪)

载驰载驱

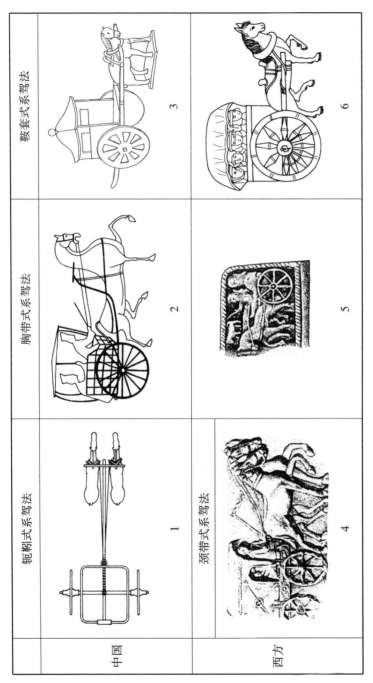

图 4－8　中国与西方古车系驾法的比较

1. 始皇陵 2 号铜车（示意图，前 3 世纪）　2. 河南禹县空心砖（前 1 世纪）　3. 西安段继荣墓陶车（1265 年）
4. 罗马帝国时代浮雕（1 世纪）　5. 后期罗马马车（8 世纪）　6. 欧洲中世纪的二轮车（1250～1254 年）

	轭靷式系驾法	胸带式系驾法	鞍套式系驾法
中国	1	2	3
西方	颈带式系驾法 4	5	6

90

洲，小鞍可能是由套几排马的四轮马车之御者在后排马上置鞍乘骑以驱赶前排马的作法演进而来的。不过将肩套与小鞍相结合的过程相当短，13世纪中期，欧洲就出现了鞍套式系驾法[29]（图4-8：6）。从已掌握的资料看，此时无论在欧洲还是在中国，这种系驾法均已具有一定的成熟性，所以其最初发明的时间还要早些。东西方通过各自不同的途径，在基本相同的时期中，分别设计完成了基本相同的、对畜力车说来也是最合理的系驾方式。

总之，我国古代在马车的系驾法方面走的是一条独特的道路。我国采用胸带系驾法的时间比西方早了近1 000年。用小鞍支持车辕的作法，看来最先也可能是在我国出现的。因为古代中国未发明四轮车上的前轮转向装置，四轮车的制作不发达；而对二轮车来说，用小鞍支持车辕的需要显然比四轮车更殷切。明以后，中国进入封建社会晚期，官僚出行时多乘轿，从而对制车技术的发展产生了消极影响。所以17世纪以来欧洲流行的装车簧的轻便马车，在古代中国一直是一件陌生的东西。

商周的"弓形器"

　　商、周青铜器中有一种"弓形器",器身作扁长条形,中部往往稍宽且微微拱起。有的底部有凹槽,当时或曾嵌入木楟。其两头伸出两条上昂复下垂的曲臂,臂端多铸出带镂孔的铃,也有的做成马头形或蛇头形。臂端与中部扁条之底边的延线靠得很近,或仅留有不宽的间隙(图5-1)。大多数"弓形器"的长度为20~45厘米,横置之,几可占满人体腰前的部位。此物的用途和定名经过长期讨论仍未取得一致意见。过去常认为它是弓上的附件[①],这主要是以石璋如、唐兰二先生之说为依据的。石说称此物为"铜弣",认为它应缚于弓弣里侧,以保持弓的弧度,并增加发射时的剽力[②]。但"弓形器"表面多铸出突起的纹饰,有时其中还有立体的夔龙之类,棱角峥嵘,不便把持,无法握住它用力张弓。所以怀履光、林巳奈夫、唐兰等均不赞成此说[③]。可是唐兰先生虽不赞成石说,却也主张此物应缚于弓弣之内,不过他认为只在弛弓时缚之,装弦后则须解下。他给出的"弓形器"使用复原图(图5-2:1),仍沿袭石氏之旧(图5-2:2),只是删去了石氏图中那张装弦的弓。根据这一修正,唐先生改定此物之名为"铜弓秘",认为它是弛弓时缚在弓内以防损坏的[④]。

　　但问题是:(1)此物是否附属于弓,目前尚无确证。唐先生的论文中说,"从出土时的位置来看","弓形器""显然是在弛弓的

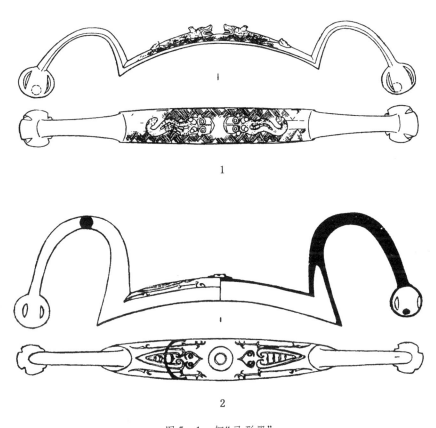

图 5-1 铜"弓形器"

1. 安阳商·妇好墓出土　2. 甘肃灵台白草坡西周墓出土

背上中部的"。他所说的出土之例指安阳小屯 M20 车马坑。在唐文的
附图中画出的"弓形器"，位于围成略近椭圆形的大半圈铜泡之中部
（图 5-3：1）。揣其文意，似乎他认为这大半圈铜泡代表一张弛了
弦的弓。其实不然。因为小屯 M20 车马坑中埋有一辆车，这圈铜泡是
车舆下部轸木上的饰件，与弓无涉（图 5-3：2）。小屯 M40 车马坑
也出铜轸饰，也围成类似的椭圆形，可证[5]。并且"弓形器"如果装

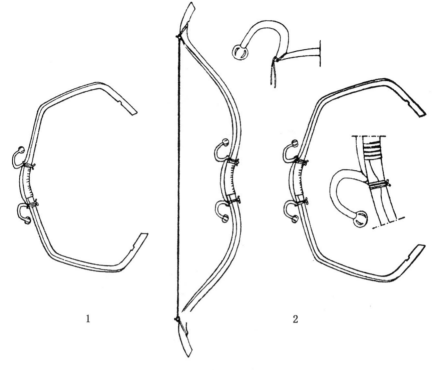

图 5-2 弓形器使用复原图

1. 唐兰文中的"铜弓柲"使用复原图 2. 石璋如文中的"铜弓㧙"使用复原图
（二说的复原方式全同,仅定名有别）

在弓上，则应与弓及箭上的部件如弓尾之弭或箭镞等物伴出。然而若干未经扰动的商、周墓，如安阳戚家庄东 269 号及孝民屯南地 1、2 号商墓、北京昌平白浮 2、3 号西周墓中，虽均出"弓形器"，却都不见弓尾之弭或镞的踪影⑥。没有弓弭，还可以用已朽失等原因来解释；镞却是不易朽失的，没有镞，则表明随葬品中未放入箭，而无箭之弓乃是无用之物，故可知墓中其实连弓也不曾放入，因此唐说中的弓柲也就无所附丽了。况且在昌平白浮 2 号墓中，一件长 37.5 厘米的"弓

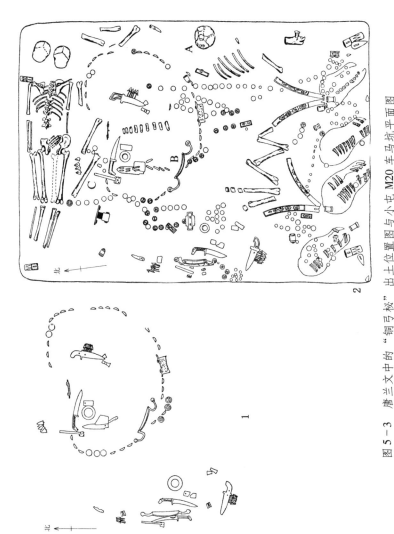

图 5−3 唐兰文中的"铜弓柲"出土位置图与小屯 M20 车马坑平面图

1. 唐兰文中的"铜弓柲"出土平面图 [车上有一陶人,"弓形器"位于此陶人的头骨(B)当中,相当其腰部]
2. 小屯 M20 车马坑平面图与小屯 M20 车马坑平面图。这些铜泡应为朿底穿铜的装饰、"弓形器"(位于大半圈铜泡的中部,这些铜泡应为朿底穿铜的装饰)(C)和腿骨(A)

商周的「弓形器」

形器"之一端距椁壁不足 20 厘米；在陕西岐山贺家村 1 号墓的壁龛中，一件通长 34 厘米的"弓形器"之一端距龛壁亦仅 30 厘米[⑦]。而在金文中看到的表示未装弦之弓的象形字，弓体仍相当长[⑧]，不像石璋如设想的那样，弛弓会反屈成 C 字形；所以上述之狭小的空间中绝容不下半边弓。因而这些"弓形器"均难以指为弓上的附件。何况如安阳武官村大墓陪葬坑 E9 出土的那类"弓形器"，器身中部饰有上下向的兽面纹，表明此器是横向使用的[⑨]；这和引弓时弓体的方向相牾，也反映出"弓形器"并非弓上的部件。（2）如果"弓形器"是弓柲，那么据《仪礼·既夕礼》郑注说："柲，弓檠。弛则缚之于弓里，备损伤。以竹为之。"贾疏也说柲"以竹状如弓，缚之于弓里"。可见柲是弛弦后因收藏之需才缚在弓上的，本非炫耀兵威之物，无须用贵重的铜材制作。况且依郑、贾之说，它应该是竹制的，而不是铜制的。它的长度应大体与弓相等，才能使它所保护的弓不受损伤；假若它仅为 20～45 厘米长的一段铜件，则无法将 1 米多长的弓加以周到的保护。故"弓形器"不是弓柲。（3）"弓形器"的造型何以要在两头作出顶端带铃的曲臂？石说的解释是：此两末端可以作为弓已拉满的标准，铃可以在发出箭后有响声。唐先生评之为："向壁虚构，羌无实据。"唐说则认为："其所以两端上屈如臂，是由于系缚牢固，不致摇动。铃或其他马头等形象，都是装饰，但也许是怕人盗窃，跟簋的方座下有铃是一个道理。"然而如仅着眼于系缚牢固的目的，可采取的方法很多，大可不必统一用铸出两条曲臂这种奇特的、对于缚结来说又不很方便的形式。"弓形器"是一种工具，总不应老放着不动，它和在宗庙等场所陈置的簋之使用情况大不相同；倘若那上面的铃一响，使用者就要注意防盗，恐不胜其烦。故唐说亦缺乏合理性。

也有些学者认为"弓形器"并非弓上的附件。马衡先生曾说："近见一器，状如覆瓦，长约尺许，宽寸余。两端各有曲柄，柄末铜和下垂。《西清古鉴》目为旂铃，其实即轼前之和也。"[10]但如在淮阳出土之战国车上所见的和，为两枚单个的铃（图3－21：6），与此物大相径庭。不过"旂铃"说近年又得到秦建明先生的认同，他并作出"弓形器在旂旗上位置示意图"（图5－4：1），详加阐释[11]。唐嘉弘先生则认为"弓形器乃衣服上的挂钩，用以悬挂装饰物品的"[12]（图5－4：2）。但"弓形器"出土的位置多在车中或骑马人腰间，上述使用方法和这些现象颇相龃龉。此外，"弓形器"在南西伯利亚青铜时代的卡拉苏克文化中也曾发现[13]。前苏联考古学家科仁认为使用此物时，应把它和轭以靪绳连接起来，组成一副像后代所称"套盘"那样的鞁具[14]（图5－4：3）。这种设想与实际情况相去太远，与这个时代之古车的系驾法全不相合。况且"弓形器"之两曲臂并不十分粗壮，用它作为套盘上极吃力的部件，也是这一器物所不能胜任的。

1980年，林沄先生发表了《关于青铜弓形器的若干问题》一文，在探讨"弓形器的用途"一节中，此文的结论是，弓形器"为系于腰带正前方的挂缰钩。但这一新的假设，仍有待今后更多的考古发现来验证"[15]。林氏矜慎，谦称其说为"假设"；笔者则认为，这一看法精当无误。兹谨在林文的基础上，就此问题略述己见。

根据出土实例得知，我国商、周古车的车箱有大、小两种，小车箱的宽度仅1米许，只能容纳两名乘员[16]。这种车投入战斗时，如由御者双手执缰绳即辔，车上只余一名乘员可以使用武器；倘此人伤亡，则该车与其御者将完全陷于被动挨打的境地。对此，当时似应有某种对应的措施。在西方，古战车上有时仅一名乘员，此人既要驾车，又要战斗，遂将辔系在腰间，以便腾出双手使用武器（图5－5）。不过这种方式把辔拴得太死，不够灵活。而如果将"弓形器"缚在御者腰前，既可用那上面的两条曲臂挂住辔绳，通过"弓形器"驾车；又可根据需要随时将辔解下，重新用手操纵，所以比较适用。从

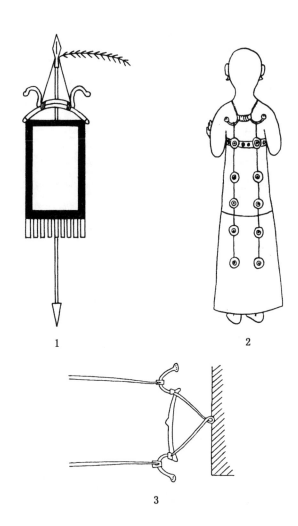

1

2

3

图 5-4　对"弓形器"使用
方法的几种设想

1. 旂铃说(据秦建明)
2. 挂饰物钩说(据唐嘉弘)
3. "套盘"说(据科仁)

图5-5　一人兼御者与射手时,将辔绳系于腰间

（埃及底比斯阿蒙神庙浮雕中的法老拉美西斯二世）

它的造型、尺寸和牢固程度看，也完全适合这一用途；同时和考古发掘所揭露的情况也有相合之处。仍以小屯 M20 车马坑为例，如图 5-3：2 所示，其车舆东南部有一带玉饰的人头骨，舆的西北部有两条腿骨，则此人的躯体应压在车上，其骨骸虽已大部不存，但"弓形器"出土时正位于他的腰部附近。安阳武官村大墓中 E9 殉葬人的"弓形器"亦出在腰间[17]。均可印证上说。

不过，小屯 M20 车马坑中压在车上的人架太不完整，也没有在辔与"弓形器"之间显示出互相连接的痕迹，因此上面的说法仍未被出土物充分证实。当然，要在考古发掘中找到保存状况绝佳的相关之实例，是很不容易的。但在古文献中却发现了一些支持这一推测的线索。如《诗·小雅·采薇》中有一章说：

> 驾彼四牡，四牡骙骙。
>
> 君子所依，小人所腓。
>
> 四牡翼翼，象弭鱼服。
>
> 岂不日戒，俨狁孔棘。

这章诗主要描写一辆驾四匹马的车，对车上的装备诗中只举出象弭、鱼服二物。其中的象弭特别值得注意。毛传："象弭，弓反末也，所以解绁也。"郑笺："弭，弓反末弣者，以象骨为之，以助御者解辔纷，宜滑也。"这种弭与装在弓箫末梢上用以挂弦的弭是两种不同的器物，因为后一种弭与辔全然无涉。《说文·弓部》："弭，弓无缘，可以解辔纷者。"其定义之后一部分也是指《采薇》所咏的这类弭。旧说把《采薇》中的象弭当作弓梢之弭，以为诗中的弭代表弓；服是箭囊，鱼服代表箭。则属误解。这里说的鱼服其实也是车上固定的装备。《仪礼·既夕礼》："主人乘恶车，白狗幦，蒲蔽，御以蒲菆，犬服。"这个犬服自应从属于车。郑注："笭间兵服，以犬皮为之。"它是装在车笭间的一个箱笼状物，又名笭服，其实物曾在始皇陵出土的1号铜车上见过[18]。它虽然多用以盛箭，但也可以盛别的物件，如《周礼·巾车》中提到的"小服"，郑注说它是"刀、剑、短兵之衣"，说明其中可以盛刀、剑及其他短兵。《续汉书·舆服志》还说耕车上有"末秬之箙"。所以《采薇》中的鱼服是装在车上的用海兽皮做的笭服[19]。《毛公鼎》所记受赐的车器中也有"鱼萄"，却不曾与弓矢之属并列。可见鱼服和别的笭服一样，所盛之物尽可多种多样；因而不能用它代表箭。故诗中说的训"弓反末"又可用来解辔的弭，似非

"弓形器"莫属了。

说"弓形器"即这种弭，尚可以找到其他旁证，如《左传·僖公二十三年》记晋公子重耳对楚成王说："若……晋、楚治兵，遇于中原，其辟君三舍。若不获命，其左执鞭、弭，右属櫜、鞬，以与君周旋。""左执鞭、弭"一语，多被解释为左手执鞭与弓，其实这样讲不通，因为下文明说右边挂着櫜（箭囊）、鞬（弓袋）。如果弭也代表弓，鞬也代表弓，则重耳的话翻来覆去、叠床架屋，就不成其为著名的外交辞令了。其实这里说的与鞭为伍的弭，显然是一种御车用具，把它解释成"弓形器"，倒是很通顺的。

还应当说明的是，系辔用的"弓形器"即弭并不仅限于御车，早期的骑马者或亦曾使用此物。小屯 M164 马坑中葬有一人、一马、一犬，人架身下压着一柄精美的御马所用之策，此人被认为是一名骑手[20]，但他的腰间也有一件"弓形器"[21]（图 5-6），可为上说之证。此外，在卡拉苏克文化中，"弓形器"也常在墓主腰部出土[22]。那里罕见车的痕迹，其"弓形器"也应是骑手驭马用的。

"弓形器"即弭在商末周初颇盛行，以后在中原地区渐少见。但在南西伯利亚地区，其流行时间一直延续到相当我国的春秋时代。不过既然西伯利亚有，也就很难断言它在中原已完全绝迹。而且假如上文对重耳所称"左执鞭弭"一语的解释得以成立，则春秋时晋、楚等地仍使用此物，惟实例尚有待发现。到了汉代，学者对它似乎还有所理解，但已不十分熟悉，所以《采薇》的毛传和郑笺中对弭的解释遂若即若离。时代愈晚，则愈陌生。如唐·孔颖达在《采薇》的疏中说："弭之用骨，自是弓之所宜，亦不为解辔而设。……若辔或有紒，可以助解之耳；非专为代御者解紒设此象弭也。"他的认识比毛、郑又大为逊色，说得不着边际，反映出这时对"弓形器"即弭的作用已感茫然了。

载
驰
载
驱

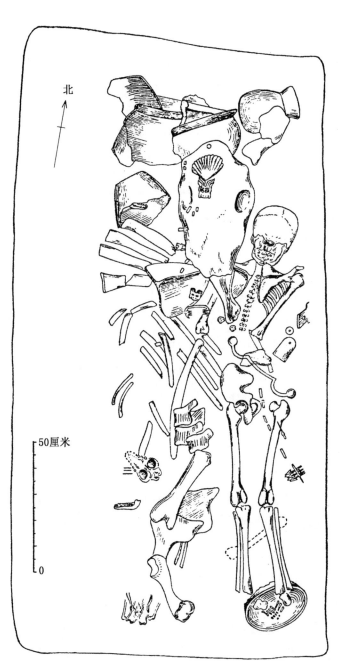

北

50厘米

0

图5－6　小屯 M164 马坑平面图

102

上文已经说明，主张"弓形器"即挂缰钩，是林沄先生最先提出来的，笔者对此说表示信服。但在林文的论述过程中，还曾以"鹿石"上的刻纹作为判断"弓形器"用途的重要依据之一。他说：

> 广布于蒙古北部、苏联图瓦和外贝加尔的"鹿石"，早就有人推测是一种概略化的人像。这次在乌施金—乌魏尔所详细勘查的"鹿石"中，第14号"鹿石"的上端有仔细刻出的人面，从而确证其他"鹿石"亦源于不同程度地简化了的人像。早先，在不刻人面的"鹿石"上，已经发现过刻有腰带的例子，而在腰带上挂着短剑、战斧、小刀、砺石等物，而且还挂着弓形器。乌施金—乌魏尔第14号"鹿石"之可贵处，则在于有人面而可以确凿判断弓形器是挂在腰带正前方的[23]（图5-7）。

自从林文提出鹿石上刻有"弓形器"之说后，多年来常得到学者的肯定。如乌恩先生说：

> 弓形器……在商周墓葬中屡见不鲜，在南西伯利亚卡拉苏克文化和塔加尔文化中也有这类器物。关于弓形器的用途，学术界颇有争议，有弓柲说、有挂缰说。但不管其用途如何，蒙古鹿石的腰带正中常刻有弓形器，而这种弓形器自西周以后已消失[24]。

于是，不仅认为鹿石上刻有"弓形器"，而且反过来又依据"弓形器"为鹿石断代；二者的关系遂愈益密不可分。但实际上此说大有可商。因为细审鹿石刻纹，其所谓"弓形器"太小，两曲臂的位置偏低，悬垂的方式也与使用"弓形器"的情况不同。根据诺夫戈罗多娃的《古代蒙古》与沃尔科夫的《蒙古鹿石》等书所提供的实例，蒙古鹿石人像腰间佩带的"弓形器"乃是一种挂钩，有单钩，也有双钩；连结双钩的轴杆有的是一根，也有的是两根[25]（图5-8:1）。这类挂钩在我国北方夏家店上层文化的墓葬，如辽宁凌源五道河子1号墓、辽宁朝阳十二台营子2号墓、内蒙古宁城南山根石椁墓及小黑石沟

载
驰
载
驱

图 5-7 蒙古库苏古勒省
木伦汗县乌施金—乌魏尔 14 号鹿石

（展开图）

104

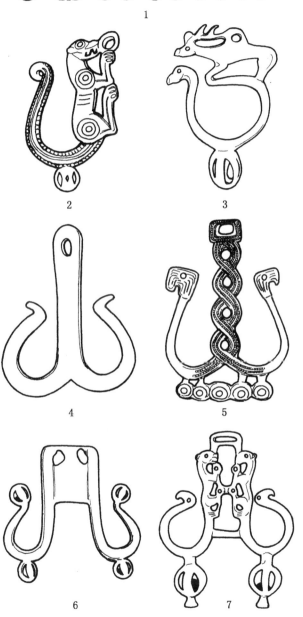

图5-8 鹿石刻纹与
铜挂钩

　　1. 蒙古鹿石上的挂
钩形刻纹　2. 铜单挂钩
（私家收藏）　3. 铜单
挂钩（瑞典斯德哥尔摩
远东古物馆藏）　4. 铜双
挂钩（辽宁凌源五道河
子1号墓出土）　5. 铜双
挂钩（辽宁朝阳十二台
营子2号墓出土）
6. 铜双挂钩（内蒙古宁
城小黑石沟8061号墓
出土）　7. 铜双挂钩
（私家收藏）

商周的「弓形器」

105

8061 号石椁墓中均曾出土；传世品中也有不少例子[20]。它们的形制与鹿石刻纹互相对应，故后者显系此物（图 5-8：2~7）。出土之铜挂钩的宽度在 5~14 厘米间，与鹿石刻纹中之挂钩的比例相符，而与宽达 20~45 厘米的"弓形器"有别。而且挂钩之钩首与钩体间有时仅留一窄缝，个别例子中两者甚至互相搭合，无法用于挂缰。夏家店上层文化的年代约为西周中期至战国中期，从整体上说较"弓形器"盛行的时代为晚，所以研究"弓形器"时不宜与鹿石相比附。而且前者由于体型较大，平时佩带有所不便。它是一种专用工具，大约只在驾车或骑马时才紧缚于御者、骑手腰前。它的正式名称应定为"弓弭"，通常可称为"弓形器"，联系其用途则可以叫作"挂缰钩"。至于林文说它是商代首创并进而影响到北方草原地区的，则与器物本身的年代所反映出的情况正合，笔者认为这一点殆无可置疑。

辂

　　自汉、晋迄明、清，我国最豪华的古车名辂。但在汉代以前，辂仅指大型的车而言，豪华不豪华倒在其次。《国语·晋语》说：郑伯嘉来纳"辂、车十五乘"。韦注："辂、广车也。车、轵车也。"广车就是大型车。辂字古亦作"路"，乘这种车本无特定的等级限制。《诗·小雅·采薇》只泛泛地说："彼路斯何？君子之车。"《续汉书·舆服志》刘注引服虔曰："大路，总名也，如今驾驷高车矣，尊卑俱乘之，其采饰有差。"也反映出这种情况。不过由于《周礼》中载有关于"王之五路"，即玉路、金路、象路、革路、木路等五种礼仪用车的记述，至汉代乃袭用其说，于大驾中设玉辂。这种作法大约不会早于东汉，因为《周礼》在西汉不受官方重视，王莽才利用《周礼》复古改制。东汉初虽然今文经学重新得势，但章帝建初八年（83年）仍将《周礼》、《古文尚书》、《毛诗》等同置弟子员。经群儒讨论，章帝"亲称制临决"、定稿成书的《白虎通义》，表面上统一于今文经学，实则今古杂糅。该书说："路者何谓也？路、大也，道也，正也。君至尊，制度大，所以行道德之正也。路者，君车也。"《周礼》中路的地位遂被进一步抬高，成为无可争议的帝王用车。然而由于秦时皇帝乘金根车，汉承秦制，西汉时皇帝的车也以金根为主，所以尽管东汉已尚玉辂，其形制却也只能和金根车相仿。目前在汉代的考古材料中，还未能识别出哪一种车代表当时的辂。

辂的特点至晋代才明确起来。《晋书·舆服志》中对辂的描写，除了与前代之金根等车相似的结构外，为辂所独有的设施有二：一、"两箱之后，皆玳瑁为鹍翅，加以金银雕饰，故世人亦谓之'金鹍车'。"二、"斜注旌旗于车之左，又加棨戟于车之右，皆橐而施之。棨戟韬以黻绣，上为亚字，系大蛙蟆幡。"鹍翅在《旧唐书·舆服志》中称为金凤翅，它的形象于顾恺之《洛神赋图》中洛神所乘及敦煌莫高窟 296 窟西壁隋代壁画东王公所乘之驾龙的辂上均能见到（图 6-1：1、2）。此二辂之车箱侧面都装有很大的羽翼，即鹍翅。二辂因是神仙所乘，故驾龙，但辂体仍与世间实用者相同，以它们和《洛神赋图》中曹植所乘驾四匹马的辂相较自明（图 6-1：3）。同时，这些辂在箱后皆斜插一大一小两旗。大旗即旂。旂的特征有二：一、画交龙[①]；二、竿首有铃[②]。但这两项特征在图 6-1 举出之辂的旂上看不清楚，倒是旂上的飘带即旒画得很引人注目。旒数多少不一，依乘辂者的身份为差：天子十二旒，王公九旒，侯伯七旒。图 6-1 中的旂皆施九旒，与宓妃、东王公及曹植的身份正合。小旗则代表棨戟。我国古代的戎车本有在车后斜插长兵器的传统，不过以棨戟与旌旗相配且形成定制者，仅见于辂。图中棨戟所韬绣囊似未缝合，飘扬若小旗，其中有没有真戟很难说。实际上纵使真的有戟，在辂上也并不起武备的作用。

图 6-1 中之辂都有两重车盖。汉代画像石与壁画中出现的车均为一重车盖，仅文献中说皇帝举行亲耕典礼时所乘耕根车有三重盖。河北满城 2 号汉墓之 1 号车，在车箱范围内出土的盖弓帽分大、中、小三型[③]，则该车应装三盖，或即耕根车。辂盖显然吸收了此类车的作法。《南齐书·舆服志》说："永明初，加玉辂为重盖。"其实晋代已然如此。辂不仅加重盖，而且其上装饰纷繁。《隋书·礼仪志》对辂

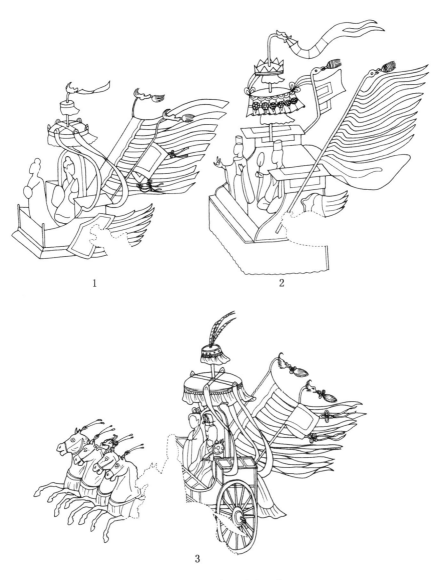

图 6-1　晋代和隋代的辂

1.《洛神赋图》中的龙辂
2. 莫高窟 296 窟隋代壁画中的龙辂（1、2 中的驾辂之龙均略去）
3.《洛神赋图》中驾四马的辂

辂

盖的描写是："青盖，黄里，绣游带，金博山，缀以镜子。下垂八佩，树十四葆羽。"图6-1中各辂之盖的边缘上所装三角形或拱形突起物即代表博山。东王公之辂盖上所缀圆形物，即镜子。曹植之辂在盖顶插雉尾，即"树羽"。为曹植驾车的马之额鬃均扎起，其中插长羽毛，当即《隋书·礼仪志》所说驾辂的马在头上"插翟尾五隼"之类作法。不过图中辂盖上树的羽毛和马头上插的羽毛都比文献所记之数为少。这一方面是因为王公之辂比文献中所记皇帝之辂的等级低，另一方面也可能是由于绘图时删繁就简之故。比如敦煌莫高窟420窟西顶隋代壁画中的辂，大轮廓虽不差，但许多细节都没有表现出来（图6-2:2）。

唐辂的图像存世者甚罕，只在陕西乾县唐·懿德太子墓中有其例（图6-2:1）。这里的辂也画得相当简略，值得注意的是其盖只有一重。此后各代之辂也都用一重车盖。辂施重盖之制自唐代起已不再沿用。这是因为南朝萧齐时对辂装两重盖之制曾有所非议。王子良说："凡盖圆象天，轸方象地。上无二天之仪，下设两盖之饰；求诸志录，殊为乖衷。"所以，"至建武中，明帝乃省重盖"④。但两重盖的辂至隋代似仍未绝迹，莫高窟420窟的壁画中所绘者可证。在懿德太子墓壁画中才出现了一重盖的辂。不过辂盖虽止一重，盖上所装自博山演变而成的耀叶却有三层。《唐六典》卷一七"太仆寺·乘黄令"条、《通典》卷六四"五辂"条等处都说辂盖为"三层"，即指这种情况而言。"三层"指耀叶，而"三重"指车盖；二者说的不是一回事。此外，懿德太子墓壁画中之辂的阑戟（即《晋书·舆服志》所称"棨戟"）上，画出了很清晰的黻纹，黻本作两己相背之状，图中却把它们组合成为一体了。

唐辂虽无其他实例，但唐显庆年间制造的玉辂却非常有名。此辂至宋代尚存，宋人对它有不少记载。庞元英《文昌杂录》卷四说："南

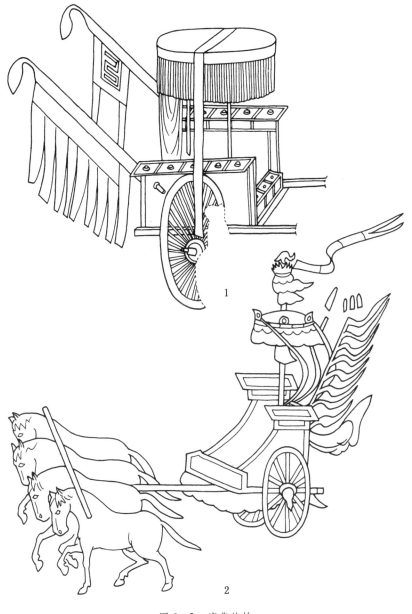

図6-2　唐代的辂

1. 唐·懿德太子墓壁画中的辂　2. 莫高窟 420 窟隋代壁画中的辂

郊大驾，上乘旧玉辂。户部王员外说，辂上有款识，唐高宗显庆年造。高宗麟德三年（666年）、玄宗开元十三年（725年）、真宗皇帝祥符元年（1008年）封禅，此辂凡三至泰山。开元十一年（723年）、祥符四年（1011年），亦两至睢上。真所谓万乘之器也。"沈括《梦溪笔谈》卷一九说："大驾玉辂唐高宗时造，至今进御。自唐至今，凡三至太山、登封，其他巡幸，莫记其数。至今完壮，乘之安若山岳，以措杯水其上而不动摇。庆历中，尝别造玉辂，极天下良工为之，乘之动摇不安，竟废不用。元丰中复造一辂，尤极工巧。未经进御，方陈于大庭，车屋适坏，遂压而碎。只用唐辂，其稳利坚久，历世不能窥其法。"南渡以后，此辂犹为人所称道。叶梦得《石林燕语》卷三说此辂"坚壮稳利，至今不少损"。张邦基《墨庄漫录》卷四甚至认为此辂是隋造唐修之物。隋造之说虽恐系传闻讹误，然而宋代曾使用唐辂则无可置疑。它的保存状况，上引诸书皆强调其坚稳，不过也有不同的说法。蔡绦《铁围山丛谈》卷二谓此辂"行道摇顿，仁庙晚患之"。又说："神祖苦风眩，每郊祀，益恶旧辂之不安。"但北宋历次制作的新玉辂为何均告失败，其原因在朱熹《朱子语类》卷二二八中已作解答："仁宗、神宗两朝造玉辂，皆以重大致压坏。本朝尚存唐一玉辂，闻小而轻，捷而稳。"这话正中肯綮。辂，特别是玉辂，这时受到极度重视，在某些场合中要用它代表皇帝的尊严与权威，所以排场要尽量地大，装饰要尽量地繁缛，从而车体愈来愈笨重，这样就破坏了其结构上应保持的均衡性。宋代的工艺技术并不比唐代差，只是因为统治者踵事增华，使车体的重量超过了轮轴所能负荷的限度，故其新辂"皆以重大致压坏"。唐之显庆辂的尺度、用材和构件的比例关系大约尚维持在合理的限度内，加以制作精工，故尔先后使用达四个半世纪之久。尽管在晚期它也出现了"行道摇顿"等老化现象，却仍然不能不认为是我国造车史上的一项奇迹。

显庆辂虽无可靠的图像流传下来，但南宋·马和之《孝经图》中所绘之辂，不仅画得较精致，而且和《宋史》中对前者的描写颇有相近之处（图6-3：1）。《宋史·舆服志》说："先是元丰虽置局造辂，而五辂及副辂仍多唐旧。玉辂自唐显庆中传之，至宋曰'显庆辂'，亲郊则乘之。制作精巧，行止安重。后载太常与阉戟，分左右以均轻重。世之良工，莫能为之。其制：箱上置平盘，黄屋。四柱皆油画刻镂，左青龙，右白虎，龟文。金凤翅，杂花龙凤，金涂银装，间以玉饰。顶轮三层，各施银耀叶。轮衣、小带、络带，并青罗绣云龙。周缀缨带，罗文。佩银穗、毬、小铃。平盘上布黄褥，四角勾阑。"这一段描写显庆辂外形的文字，除了其中所记油画、刻镂、刺绣的纹饰因在图中未予表现，无从比较外，辂体的大轮廓正可与马和之图相印证。图中辂顶上的三层耀叶、辂亭的四柱、从辂顶垂下的络带、辂盖下缘的一圈缨带、平盘四角的勾阑、辂后所插用以"均轻重"的两面大旗（阉戟这时也变成一面大旗）等，都和《宋史》的叙述相符。可见马氏绘此图时或曾以显庆辂的样本为参考。特别是马氏图中的辂只用马拉，不借人力推、压，这更是显庆辂、而不是南宋时所造绍兴辂的特点。

　　南宋绍兴十二年（1142年）制造的玉辂，即绍兴辂，其辂亭之构造虽与显庆辂接近，但"前有辕木三，鳞体昂首龙形。辕木上策两横竿，在前者名曰凤辕，马负之以行；次曰推辕，班直推之，以助马力。横于辕后者曰压辕，以人压于后，欲取其平"（《宋史·舆服志》）。以人力压辕的作法在宋、元时相当流行。元·杨允孚《滦京杂咏》："燕姬翠袖颜如玉，自按辕条驾骆驼。"自注："辕条、车前横木，按之则轻重前后适均。"马图中之辂不用此法，亦足证其制与唐为近。

　　南宋玉辂不仅用人推、压，而且还用铁压、用人牵挽。《西湖老

辂

1

2

图6-3　宋代和金代的辂

1. 马和之《孝经图》中的辂　2. 金代卤簿纹铜钟上的辂

人繁胜录》说，玉辂"始初以一千斤铁压车，添至一万斤方住。才出玉辂，闪试辂下曳索。班直戴耳不闻帽子，着青罗衫、青绢袜头袴，着青鞋，裹紫罗头巾，内着绯锦缬衫，全似大神，手扶青锦索曳玉辂"。用人挽索曳辂的形象在辽宁省博物馆所藏金代卤簿纹铜钟上有其例，曳辂者也戴着耳不闻帽子[⑤]（图6-3:2）。其辂之顶轮饰耀叶，四垂络带，仍规抚宋制。但此辂还装有金凤翅，则是这一部件之最晚的一例，因为在绍兴辂上，已不装金凤翅了。

宋辂前曳后压，诚不胜其繁，而且也影响观瞻。宋·吴自牧《梦粱录》卷五描写压辕的情况是："辂后四人攀行，如攀枝孩儿。"实在有点煞风景。而且辂的行动迟缓。宋·孟元老《东京梦华录》卷一〇说：玉辂之前"有朝服二人，执笏面辂倒行"。辂跟在倒退而行的二人之后，则车速之慢可知。为什么宋辂行进时竟如此蹒跚费力呢？笨重固然是原因之一，另一方面则是由于它不易保持平衡。我国古车多为二轮，车前面的支点落在马身上。从先秦到汉代，通用辎车型的轻车，调节平衡尚不成问题。经过隋、唐、五代，运输用车的车体加大，礼仪用车更甚，宋辂尤其突出。这时驾车者倘若处理失宜，以致前重后轻，则马力势难支承；反之，如前轻后重，前辕上揭，马悬车仰，甚至有倾覆之虞。所以必须将辂体的重心调节好，使之"不伏"、"不缢"，才便于行车。同时，此类大辂对路面的要求也很高。元·周密《武林旧事》卷一说：南宋临安行大礼之前，"自嘉会门至丽正门，计九里三百二十步，皆以潮沙填筑，其平如席，以便五辂来往"。否则如遇坡陀，辂体随之轩轾倾侧，就更无法掌握平衡了。宋辂之所以须配合以压辕、平整路面等各项措施，实为防止发生此类事故而不得不然。

世界各地古车起初虽以二轮者居多，但欧洲古车却有装四轮的传统，而且在远古时代就发明了四轮车上的前轮转向装置[⑥]（图6-4）。如果不采用类似的装置，只在二轮车上增加一对车轮，则会由于转向

辂

图 6-4 欧洲岩画中的四轮牛车

（公元前二千年代，瑞典南部）

困难而变得不切实用。公元 8 世纪以前，基于我国二轮车之系驾方式
的进步性，所以就整体而言，中国古车在世界上曾一直处于领先地
位。可是 8 世纪以后，西方古车的系驾法已加以改进，而我国随着工
商业的繁荣，运输量的增加，已存在着采用带转向装置的四轮车型的
需要。辁如安装这类四轮，上述问题亦可大为缓解。然而此后长时期
中，我国的封建权贵却喜欢坐轿。这种风气的蔓延，遂使我国造车技
术进一步发展的势头受到抑制。

轿的前身如肩舆、步辇等，虽久已有之，但其用不广。唐代前
期，上层社会的男子出行乘马，妇女乘犊车。后来贵妇多以人舁的檐
子代车。檐子就是轿。中唐以前，官员乘檐子尚有种种限制；中唐以
后，乃逐渐向高官开放。宋·钱易《南部新书》戊集说："丞相乘肩
舆，元和后也。"宋·王谠《唐语林》卷一说："开成中李石作相兼度
支，一日早朝中箭，遂出镇江陵。自此诏宰相坐檐子出入。"其后互
相效仿，乘者渐多。但北宋犹命官员乘马。宋·王得臣《麈史》卷上
说："唐丞相乘马，故诗人有'沙堤新筑马行迟'之句。裴武之遭变，
而晋公独以马逸得免。至五代则乘檐子矣。庄宗闻呵声，问之，乃是
宰相檐子入内是也。本朝近年唯潞国文公致仕，以太师平章重事；司

马温公始为门下侍郎，寻卧疾于家，就拜左相，不可以骑；二公并许乘檐子，皆异恩也。"而与司马光同时的王安石，对坐轿仍持反对态度，说"古之王公至不道，未有以人代畜者"（见宋·惠洪《冷斋夜话》）。南宋时，官员乘轿始成风气。宋·徐度《却埽编》卷下说："建炎初，驻跸扬州，以通衢皆砖甃，霜滑，不可以乘马，特诏百官悉用肩舆出入。"后遂沿袭不改。如宋·叶寘《爱日斋丛钞》卷一所说："竹舆之用，久著于江表，由东南马少，故从土俗之便尔。"最后造成"自南渡至今，则无人不乘轿矣"（《朱子语类》卷二二八）的局面。到明代万历六年（1578 年），当朝首辅张居正自北京赴江陵奔丧，来回乘坐的竟是三十二人抬的大轿。清代的福康安，"出师督阵亦坐轿。轿夫每人须良马四匹，凡更役时，辄骑马以从"（《清稗类钞》第一三册）。对人力的滥用达到如此荒谬的程度，改进车制自然成了不急之务。而高踞于封建统治集团之巅峰的皇帝更不轻易乘车，他们坐的各种所谓金辇、礼舆等，实际上都是轿。因此，五辂已很少供乘坐，只成为大朝会时充庭的仪仗或大驾出行时的卤簿了。

　　在这种形势下，明、清之辂只要具有华丽的外貌即可，无须造得像宋辂那么笨重，从而也无须配合以牵挽、压辕等措施。台北故宫博物院所藏明代《大驾卤簿图》中之辂与成都凤凰山明代蜀王世子墓中出土的陶象辂极肖似，都是一辆比例较匀停的亭子车⑦。辽宁省博物馆所藏清代《大驾卤簿图》中的辂也是如此（图 6－5）。虽然清辂之部件的名称不尽同于明，如辂顶装的耀叶这时改称云版，辂盖垂下的沥水改称垂幨等，但外形大体不改旧观。只不过清辂更平稳，甚至已无须用辂后插的二旗来"均轻重"，所以此二旗另由人扛起随辂而行。皇帝本人则坐在五辂之后的玉辇里，图上的榜题写得清清楚楚。辂的用途缩小到只供摆摆样子的地步，其退出历史舞台的时日也就屈指可数了。

辂

載驰載驱

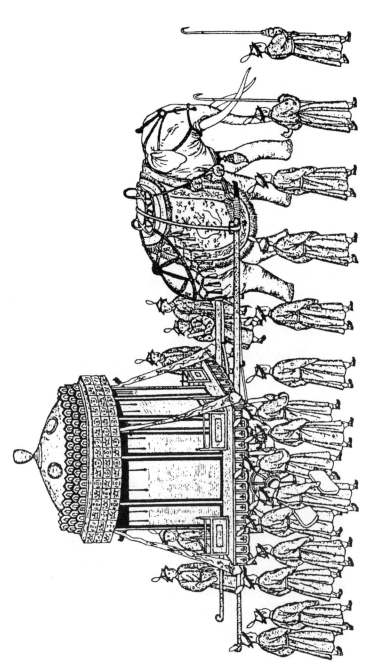

图 6 - 5 清代《大驾卤簿图》中的"金辂"

118

"木牛流马"对汉代鹿车的改进

　　我国的独轮手推车发明于汉代，既有文献与图像可征，又为刘仙洲、史树青诸先生著文考证过①，今日已成为定论。诸葛亮的"木牛、流马"，前人也多认为是一种独轮车②。然而"木牛、流马"是诸葛亮的一项重要创造。《三国志·蜀志·诸葛亮传》说："亮性长于巧思，损益连弩，木牛流马，皆出其意。"《蜀记》载晋·李兴祭诸葛亮文，其中说到他造的"木牛之奇，则非般模"③。对之均推崇备至。晋·陈寿《进诸葛亮集表》在评价诸葛亮的成就时，有"工械技巧，物究其极"的话④，也应是就他在连弩和"木牛、流马"等方面的创制而发。按《诸葛氏集》目录，其第一三篇为《传运》⑤，可知诸葛亮在交通运输方面确有见地，所以他的独轮车应不同于汉代旧制。但两者到底有哪些区别？"木牛、流马"的优越之处何在？尚无明确的答案。本文就此试加探讨。

　　汉代的独轮车名鞏⑥，又名鹿车。《太平御览》卷七七五引《风俗通》："鹿车窄小，裁容一鹿也。……无牛马而能行者，独一人所致耳。"鹿车在敦煌卷子本句道兴《搜神记》引汉·刘向《孝子图》中作"辘车"。清·瞿中溶《汉武梁祠画像考》说"鹿车"之"鹿""当是鹿卢之谓，即辘轳也"。刘仙洲说："因为这种独轮车是由一个轻便的独轮向前滚动，就把它叫作'辘轳车'或'鹿卢车'，并简称为

'辎车'或'鹿车'。"⑦其说固是。但所谓鹿车"裁容一鹿",是否纯属望文生义的敷衍之词？却也并不见得。因为四川彭县出土的东汉画像砖上之鹿车，只装载一件羊尊⑧，可谓"裁容一羊"。羊尊常与鹿尊为类⑨；如若此车改装鹿尊，就和《风俗通》之说相合了。

汉代画像砖、石上出现的鹿车，车型相当一致（图7-1）。结合文献记载加以考察，可知它具有以下特点：

1. 鹿车只用人力，不驾牲畜。不但《风俗通》说它"无牛马而能行"，图像中也未见过在鹿车上驾牲畜的。《后汉书·鲍宣妻传》说，西汉末年鲍宣的妻子"与宣共挽鹿车归乡里"。如果所谓"共

图7-1　汉代的鹿车

1. 武氏祠画像石　2. 四川成都画像砖
3. 四川彭县画像砖　4. 四川渠县蒲家湾石阙浮雕

120

挽"，不意味着两人轮流推车，而是指两人合作，一推一拉的话，则鹿车除有人在后面推以外，还可有人在前面拉。

2. 鹿车的车轮装于车子前部，无论山东武氏祠画像石、四川渠县蒲家湾汉阙雕刻，还是四川彭县和成都汉墓出土的画像砖上所见者都是如此，因而车子的重心位于轮子的着地点（支点）与推车人把手处（力点）中间。从杠杆原理上说，这是一种费力的方式。

3. 文献记载的鹿车，多用于载人。如前引《孝子传》说董永之父乘鹿车。《后汉书·赵熹传》说他将韩仲伯之妻"载以鹿车，身自推之"。同书《范冉传》说他"推鹿车以载妻、子"。《三国志·魏志·司马芝传》说他"以鹿车推载母"。至晋代，《晋书》犹说刘伶常乘鹿车。可见鹿车在使用上和解放前的人力车相仿，都以载人为主。它一般只载一个人，也有载一成年人和一儿童的（如《范冉传》所记）。

4. 鹿车偶或也装载盛尸体的棺木等物。如《后汉书·杜林传》说他"身推鹿车，载致弟丧"。同书《任末传》说："末乃躬推鹿车，载奉德丧，致其墓所。"画像石中虽未发现过这种场面，但成都扬子山画像砖上的鹿车于车之后部横放一箱，估计用鹿车运棺木时也只能这样横着放，其费力之状，不难想见。

而关于诸葛亮制造的"木牛、流马"之记载却远较鹿车为少，更没有发现过图像材料。现在能据以立论的根据，主要有《三国志·蜀志·诸葛亮传》及《后主传》中的几条记事及刘宋·裴松之注中所引《诸葛氏集·作"木牛、流马"法》。裴松之的时代去三国尚近，当时二十四篇的《诸葛氏集》完本尚应存世，裴氏可以直接引用。而且此文又见于《艺文类聚》卷九四、《太平御览》卷八九九，所以不能把《作"木牛、流马"法》一文看成伪作。但此文是用隐喻的形式写的，遣词造句相当晦涩，史称诸葛亮为文"丁宁周至"，这篇文字却适得其反。因此目前还难以据此对"木牛、流马"之整体形制作出令人信服的复原方案，而只能按照文中之能够看得懂的字句，勾画出一个大致的轮廓来。并且，根据前人成说与刘仙洲先生的研究结论，"木牛、流马"均是独轮小车，二者应为大同小异的一类运输工具。故本文亦统而言之，不再强作区分。下面列举的几个特点，是将关于"木牛、流马"的记载加以综合而归纳出来的。

1. "木牛、流马"除用人力外，还可以套牲畜拉。据清·张澍编《诸葛武侯文集·故事·制作篇》引《蒲元别传》说："蒲元为诸葛公西曹椽。孔明欲北伐，患粮运难致。元牒与孔明曰：'元等推意作一木牛，兼摄双环。人行六尺，马行四步。人载一岁之粮也。'"看来蒲元曾参与"木牛、流马"的设计工作，他的话表明这种车的动力不仅有"行六尺"的人，还有"行四步"的马，可见它既有人推，还有马拉。所谓"兼摄双环"，大概也就是指兼用人和马这两种动力而言。

2. 在结构上"木牛、流马"有鞅（"细者为牛鞅"），有鞦轴（"摄者为牛鞦轴"），有两个装货的方囊（"方囊二枚"）⑩。以前在汉代的鹿车上，拉车的受力处是"辂"。《史记·刘敬列传》："娄敬脱挽辂。"索隐："辂者，鹿车前横木，二人前挽，一人后推之。"从图像上看，辂应是鹿车货架前一条固定的横木，如果将拉车之牲畜的鞅（在这里应指靮，即牲畜拉车时承力的套绳）直接系在上面，显然较不灵便。"木牛、流马"也并不是这样安排的，而是另装有鞦轴，鞦即《考工记》"必缌其牛后"之缌，是绕过驾车之牲畜的尻部的绳索⑪；而所谓鞦轴，则应指横在牲畜尻部后方的一根轴状圆木。在"木牛、流马"上是由它来统摄拉车之牲畜的力量。那么，此物正应如后世所称"套盘"，鞅系于其前而车拴于其后，它使车和牲畜之间有了一个灵活的接合部；不像以前的马车和牛车，必须把车和牲畜

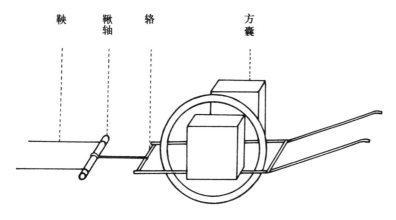

图 7-2 "木牛流马"结构示意图

牢牢地缚在一起。而且以前在鹿车上只横放一个箱子，现在"木牛、流马"要装两个方囊，则只能将它们固定在车轮两侧。这样车身必随之增长，作为支点的车轮也自然会移到车子中部，从而推车者臂力的负荷又得以减轻（图 7-2）。

3. 与鹿车的用途不同，"木牛、流马"主要用于运粮。它可以运载一个士兵一年的口粮，约合 250 公斤，而鹿车所载的一成人、一儿童的体重仅约 100 公斤。两相比较，"木牛、流马"的载量要增加一倍以上，而且它适应了山路崎岖狭窄的特点，使蜀魏战争期间军粮运输这一难题得以解决，在当时起到了相当大的作用。

从技术史的角度看，"木牛、流马"的意义尚不仅限于独轮车本身。如果本文对鞦轴的理解能够成立的话，或可为我国耕犁发展史上的一个令人困惑的问题提供解决的线索。大家知道，汉代的犁起初只有一根长辕，辕端装衡，衡下用軛驾两头牛，即所谓"二牛抬杠"，和传统的驾车方式基本相一致。但到了东汉时期，画像石中出现了用一头牛拉的犁，在山东滕县宏道院汉墓和陕北绥德汉墓所出的画像石

中都有这样的画面（图7-3∶1）。其套牛的方法看不清楚。嘉峪关
魏晋墓画像砖中有用单长辕系在牛身一侧拉犁的，但回转时极困难，
看来此法不具备推广的条件。有的学者主张这些犁为双辕犁，可是也
存在着不同的意见。如蒋英炬先生说："有人说滕县……画像石的犁
是双辕或双长辕。但是，犁和车不同，双辕犁是如何的结构呢？若双
辕都出自犁梢，那就位于上下一条线上，无法驾牛。初步判断，所谓
'双辕犁'可能是不确的，画像中的双辕应该是绳索，用两股绳索方
能套驾牲畜。两股绳索又须系在一根横木上牵引，这就是后世的犁盘
（俗称'套盘子'），推测东汉时期犁盘也有其雏形出现了。"[12]蒋文
所提的问题很值得注意。虽然在日本京都上品莲台寺所藏唐本《绘

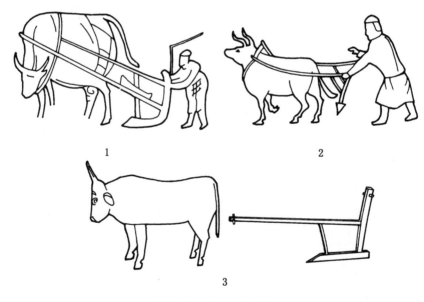

图7-3 驾一头牛的犁

1. 山东滕县宏道院汉画像石　2. 日本上品莲台寺藏唐本《绘图因果经》
3. 甘肃武威磨嘴子汉墓出土木牛、犁模型

图因果经》中出现过用双辕驾一牛的犁，但那两根互相平行、当中的间距可容一牛的犁辕是如何连接到一根竖立的犁梢上的，同样表现得极不清楚，甚至显得有些不合理，令人怀疑这种装置在现实中是否存在（图7-3：2）。退一步说，如果图像中的犁还可能是由于透视技法的不成熟而造成若干使人难以理解之处的话，那么1972年甘肃武威磨嘴子汉墓出土的彩绘木牛、犁模型，则不仅没有双辕，而且其单辕也较短，甚至无法采用嘉峪关画像砖中之偏系单辕的驾牛法（图7-3：3）。这种犁只能如蒋文所说，须将其"两股绳索"（即靷绳，亦即鞅）系在一根横木上，再连接犁辕才成。现在看来，这根横木不是别的，正是《作"木牛、流马"法》里所说的"鞦轴"。这样，就不仅为蒋英炬先生的设想增加了一条文献上的证据，同时也为犁制的研究找到了可资印证的材料。过去讲到犁盘的时候，一般都引用唐·陆龟蒙《耒耜经》中"横于辕之前末曰槃，言可转也"的记载为据，认为迟至唐代方有此物。用绳索与上述横木组成套盘，研究者又认为是发明于从宋初到元·王祯《农书》成书的几个世纪中。而通过对"木牛、流马"的研究，却有可能把套盘出现的时间之卜限上溯到三国时代。弄清楚这个问题，对于认识我国古代耕犁与独轮车的性能和技术水平，无疑有着一定的意义。

唐代的马具与马饰

先秦时代，马多用于驾车，极少单骑。春秋末年才有贵族骑马的记载①。然而直到南北朝以前，我国上层社会的男子出行时，仍讲究乘车而不常骑马。在一些比较隆重的场合，舍车骑马甚至会被认为是失礼的举动。汉宣帝时韦玄成以列侯侍祠惠帝庙，晨入庙，因天雨泥泞，乃不驾驷马车而骑至庙下。结果被有司劾奏，等辈数人，皆坐削爵②。东晋偏安江南，骑马的风习仍不普遍。《世说新语·雅量篇》说："阮（庾翼的岳母阮幼娥）语女（庾翼妻刘静女）：'闻庾郎能骑，我何由得见？'妇告翼，翼便为于道开卤簿盘马，始两转，坠马堕地。"此事发生在建元元年（343 年）。可见过江的贵族对骑马犹何等陌生，连手握重兵、热心北伐的庾翼也不例外。再往后，如《颜氏家训·涉务篇》所说："梁世士大夫皆尚褒衣博带，大冠高履，出则车舆，入则扶持。郊郭之内，无乘马者。……建康令王复性既儒雅，未尝乘骑，见马嘶陆梁，莫不震慑。乃谓人曰：'正是虎，何故名为马乎？'其风俗如此。"颜氏所记，对于此等权贵们的懦弱虽不无讥讽，但当时不尚骑乘，也是事实③。

为什么汉晋贵族不习惯骑马呢？原因之一是由于马具的不完善。马具中相当关键的一件是马镫。公元 3 世纪以前，世界各地都没有真正的金属马镫，我国也不例外。由于没有马镫，骑乘的难度大，冠服骑马尤为不便，与乘车相比更显得不够气派；而且骑马的姿势又很类似当时被世俗认为不礼貌的踞坐[④]。因而这时除军事行动外，官员都乘车而不骑马。考古学者曾认为，金属马镫是4～6世纪之间在世界某地被发明出来，随即很快传播于从太平洋到大西洋之间的欧亚各国[⑤]。其实马镫的发源地正是我国。我国在先秦时代已有马鞍，但这时鞍上尚无明显的鞍桥。为了防止骑者坠马，在汉代，鞍桥逐渐加高。至三国时，“高桥鞍”这样的专门名称遂见载于《魏百官名》一书中[⑥]。可是鞍桥的升高加大了上马的难度。并且，在当时的高桥鞍上，后鞍桥还往往略高于前鞍桥，更使上马的动作遇到障碍。也就在这个时期，几乎与高鞍桥定名的同时，我国出现了上马用的单马镫。有关马镫之最早的报道，是甘肃武威南滩魏晋墓出土的一例[⑦]。这是一只单件的铁马镫，应为上马时提供便利而设。从这个意义上考虑，可以说我国马镫的发明是以使用高桥鞍为前提；这和世界上其他地区的情况是不同的。比武威镫的例子稍晚，在长沙金盆岭21号墓（西晋永宁二年，302年）中出土了著名的单镫骑俑[⑧]（图8－1）。其单镫悬于马鞍左前侧，镫系较短，和武威镫一样，也是供上马时搭足用的。再晚一些，在大约属于前燕的安阳孝民屯154号墓中出土了整套鞍具，其中也只用单镫[⑨]（图8－18∶1）。我国使用单镫的过程不长，公元4世纪前期，单镫已逐渐为双镫所取代。南京象山7号墓所出陶马俑已配有双镫[⑩]。这座墓的墓主据推断为东晋初年的王廙。他死于永昌元年（322年），因此这座墓甚至可能比安阳孝民屯154号墓略早些。从单镫到双镫，虽然从发展趋势上说是很自然的，但两者的作用却大不相同。只有使用双镫，骑乘者在马上才获得稳固的依托，才能够更有效地控制马匹。双镫的出现和推广，为骑乘技术在唐代的普及奠定了基础。同时，自南北朝后期至隋，缺骻袍和长靿靴的流行，又为骑乘准备了适宜的服装。高坐具进入上层社会，更改变了人们对踞

載
驰
載
驱

图 8-1 单镫骑俑

（长沙西晋永宁二年墓出土）

128

坐的观感。另一方面，自魏晋以来，高级牛车的地位上升，达官贵人出行时皆乘牛车，汉代流行的驾马的轺车之类车型皆隐没不见。高级牛车虽比汉式马车严密舒适，但牛步迟徐，车速缓慢，有些人坐进去不免感到气闷⑪。隋代北周统一中国，唐又多因袭隋制，遂使北朝传播开来的骑马之风，于汉式马车与东晋—南朝式牛车均已式微之际，得以继续兴盛。唐初，贵族妇女还乘坐牛车，中唐以后，连她们也不常乘牛车而多坐檐子⑫；男子在隆重的场合都骑马。正如宋·赵彦卫《云麓漫钞》卷四所说："自唐至本朝，却以乘马朝服为礼。"而且不仅一般官僚为然，连皇帝也不例外。《旧唐书·舆服志》说："开元十一年冬，将有事于南郊，乘辂而往；礼毕，骑而还。自此，行幸及郊祀等事，无远近皆骑于仪卫之内。其五辂及腰舆之属，但陈于卤簿而已。"流风所及，有些妇女也乐于骑马。中宗以后，"宫人从驾，皆胡帽乘马，海内效之，至露髻驰骋"⑬。骑马之风已通乎上下，马具与马饰就发展得颇为完备而美观了。

下面，试对唐代的马具与马饰作一些考察，并约略追溯其渊源。

古人驯马，除原始的简单绳套不计外，最先采用的正式马具当是络头。络头起初不包括衔、镳，即《急就篇》颜注所说："羁，络头也，勒之无衔者也。"它的基本结构最迟到秦代已经定型。在始皇陵2号兵马俑坑中出土了一套完整的实物，系由项带、额带、鼻带、咽带、颊带等组成（图8-2：1、2；8-15：1）。以络头和衔、镳组合在一起，能够自头部对马加以控制，所以这一部分一直变化不大，后代主要是在络头上添加饰物。汉代的络头在额带上装马钖，又名当卢。唐代一般不用特制的当卢，只在马额前、鼻端及两颊上部各装一枚杏叶。另外，在络头的各条皮带上有时还满缀小金花（图8-2：3），形成如杜甫诗所谓之"马头金匼匝"、白居易诗所谓之"亲王辔闹装"的情况⑭。"闹装"据明·胡应麟《少室山房笔丛》卷二一的解

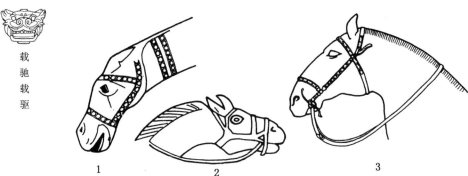

图 8-2　络头

1. 安阳商代象墓出土青铜刀之柄　2. 西汉空心砖　3. 新疆盐湖唐墓出土络头复原图

释，系"合众宝杂缀而成"，最为华夬。唐廷曾规定四品以下官员的
"鞍辔装饰""不得用闹装"，可见这种装饰只有高官才允许使用。

　　与络头相组合的衔、镳，相当于周代金文所称"攸勒"，衔是汉
代的叫法。《说文》："衔，马口中勒也。"[15]衔的两端有环，环外系
辔，环中贯镳。"镳"也可以写作"𩣡"，因为此物起初是角制品。
汉代的镳有的两端弯曲成卷云形，出现过相当复杂的构图，并系有油
帛制的"扇汗"之类。自十六国时起，东部鲜卑所建各国流行用椭圆
形板状镳[16]（图 8-3:1~4）。南北朝晚期，太原北齐娄睿墓壁画中
的马均用长条形、微弯、上端圆而细、下端扁平的桨状镳（图 8-3:
6），与同时代的突厥镳，如南西伯利亚库德尔格 1 号、13 号墓所出
者相似[17]（图 8-3:5）。唐代常用角状镳。但在梁令瓒《五星二十八
宿神形图》、徽宗摹张萱《虢国夫人游春图》等画卷中均有略近 S
形、下端有瓣状曲线的镳，其实物曾在陕西富平吕村唐·李凤墓（图
8-3:8）、西安洪庆村唐·独孤思贞墓、新疆乌鲁木齐盐湖 2 号唐墓
及内蒙古科尔沁左翼后旗呼斯淖晚唐契丹墓出土[18]，足见此型镳与有
唐一代相始终。其形制显然是从娄睿墓壁画中那类镳发展来的。卡坦

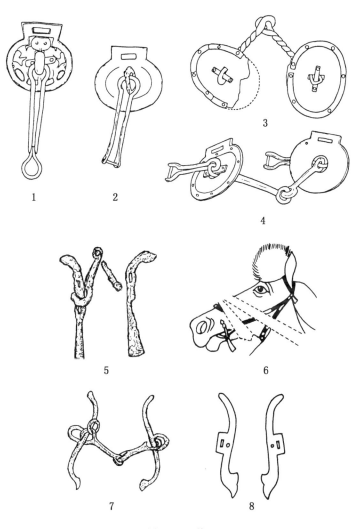

图 8 - 3 镳

1. 安阳孝民屯 154 号前燕墓出土　2. 朝阳袁台子后燕墓出土
3. 本溪小市高句丽墓出土　4. 集安七星山 196 号高句丽墓出土
5. 库德尔格 4 号突厥墓出土　6. 太原北齐·娄睿墓壁画
7. 卡坦达突厥墓出土　8. 富平吕村唐·李凤墓出土

达突厥墓中也曾出土这种镳（图8-3：7）。

系上络头和衔镳的马，古代有些民族就直接用以骑乘，而不再装备鞍具。古希腊人常骑裸背马，罗马人也要到公元以后才用马鞍。我国远古也不用鞍。西周《守宫盘铭》中将马与"毳布"连举，于省吾先生以为此毳布即指"马衣"而言[19]，其说可从。不过它是否起着原始鞍具的作用，却难以断定。《盐铁论·散不足篇》说："古者庶人贱（伐）骑。"可见这时如果骑马，一般仍多骑裸背马。但《左传·成公二年》"战于鞍"之"鞍"，虽是地名，然而《说文》只说鞍是"马鞍具也"，别无他解；则鞍邑或以地形近鞍状而得名，那么春秋时我国可能已有雏形的鞍。临潼始皇陵兵马俑坑和咸阳杨家湾西汉前期墓陪葬坑中所见的陶战马，于鞯上都置鞍，不过鞍桥较低。河北定县所出西汉后期铜辖軎的纹饰中所见之鞍，鞍桥高了起来，即所谓"高桥鞍"。但这时鞍上的两鞍桥均直立，可以称为"两桥垂直鞍"（图8-4：1）。此式鞍于南北朝时继续流行。辽宁朝阳袁台子后燕墓、辽宁西官营子北燕·冯素弗墓，以及上述安阳孝民屯前燕墓出土的鲜卑马具中之鞍（图8-5：1）都是这样的[20]。此式鞍并经东部鲜卑各国传入高句丽。吉林集安万宝汀78号、七星山96号等高句丽墓中，均出鎏金透雕的铜鞍桥（图8-5：2、3）[21]。在两桥垂直鞍上装铜鞍桥的作法，又从高句丽经新罗传至日本。新罗的饰履冢、壶杅冢、天马冢以及日本的助户、藤之木等许多古坟中均有实例出土（图8-5：4）[22]。虽然我国在6世纪前期已开始对两桥垂直鞍加以改进，但直到6世纪后期此式鞍在日本等地仍盛行不衰（图8-18：2）。至唐代，鞍的式样完全改变，后鞍桥已向后倾斜，鞍面形成了与前大不相同的凹曲弧线。这样，既便于骑者上马又适于承载人体，可称为"后桥倾斜鞍"（图8-4：2）。从昭陵六骏及郑仁泰墓所立石马之鞍来看，自初唐起，唐鞍已普遍采用此式。乌鲁木齐盐湖2号唐墓出土木鞍，是以四

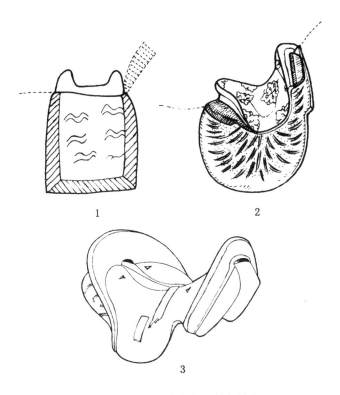

图 8-4　两桥垂直鞍与后桥倾斜鞍

1. 东汉画像石上的两桥垂直鞍(据《汉代画像全集》初编,129)
2. 阿斯塔那唐墓出土彩绘泥马俑之后桥倾斜鞍
3. 新疆盐湖唐墓出土之后桥倾斜木鞍

块木板用榫卯拼合并加皮条系结而成的[23]（图 8-4:3）。《唐会要》卷三一所载太和六年敕中提到的银装、输石装、乌漆装鞍，同书卷三二所载显庆二年诏中提到的宝钿并金装鞍，均应以木为胎骨。

　　鞍下有鞯，今名鞍褥。鞯一般是用毡子做的，慧琳《一切经音义》卷六一就说鞯是"鞍下毡替"。但也有皮毛制作的。《通鉴》卷一九五载，贞观十二年十一月"简飞骑才力骁健善骑射者，……乘骏

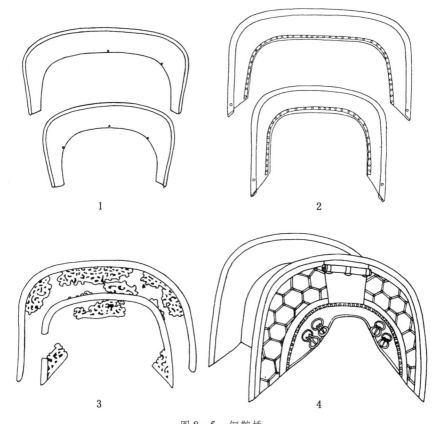

图8-5　铜鞍桥

1. 安阳孝民屯154号墓出土　2. 集安七星山96号墓出土
3. 集安万宝汀78号墓出土　4. 日本奈良藤之木古坟出土

马，以虎皮为鞯"。又《新唐书·五行志》："中宗朝安乐公主令尚方
以百兽毛为鞯。"西安唐·独孤思敬墓出土的斑釉陶马俑及吐鲁番阿
斯塔那出土的彩绘泥马俑的鞯上（图8-4：2），都画出了清晰的皮
毛纹[21]，正可与文献相印证。

鞯下有障泥。障泥之名亦见于《魏百官名》，则它的出现当不晚
于三国。南北朝时常用颇大的箕形障泥。《世说新语·术解篇》说：

"王武子善解马性，尝乘一马，着连钱障泥，前有水，终日不肯渡。王云：'此必是惜障泥。'使人解去，便径渡。"此障泥因拖垂较长，所以过水时容易沾濡。这时的障泥悬于鞯外，从鞍下缘一直垂过马腹下，有时还用硬质材料制作，若干南北朝马俑的障泥清楚地给人以这种质感（图8-6）。我国国内虽未发现过这类障泥的实物，但新罗天马冢曾出土竹制、桦皮制和漆板制的障泥，可作为具体例证。海东各国的这类障泥有的还镶上铜边饰，如新罗的金铃冢和日本的藤之木古坟所出者。唐代则讲究用锦制作障泥，且将其上部掩于鞯下，下垂部分一般不超过马腹（图8-18：4）。唐·李白诗："银鞍白鼻䯄，绿地障泥锦。"刘复诗："晓听钟鼓动，早送锦障泥。"均为咏锦障泥之句㉕。《虢国夫人游春图》中的马即多用较短的锦障泥。

备鞍之后，如不骑乘，则在鞍上覆以鞍袱。《安禄山事迹》卷上："绿山又自献马三十匹，……骨鞍、辔三十具，茸黄绫鞍袱三十条。"《宋史·舆服志·鞍勒之制》中称之为鞍複。西安南何村唐·鲜于庭诲墓出土的陶马，在鞍上便披有深绿色的鞍袱㉖。鞍袱有时也简称为帕。杜甫《骢马行》"银鞍却覆香罗帕"，王建《早春午门西望》"黄帕盖鞍呈过马"，《五国故事》卷下说南汉主刘铼"自结珠龙凤鞍帕"，均指此物。宋太宗至道二年诏"先是御马以织成帊覆鞍勒"中之"帊"，亦指鞍袱㉗。《倭汉三才图会》卷三〇中仍存此名，记作"鞍帊"。

为了固定鞍、鞯，要向马胸、尻、腹部引出带子加以系结。自马鞍底下约住马腹的带子可称为"腹带"，即所谓"鞧"。自马鞍向前绕过马胸的带子叫"攀胸"，亦即白居易诗"银收钩膺带，金卸络头羁"句中之"钩膺带"。至于自鞍后绕过马尻的带子则叫"鞦"。唐马在攀胸和鞦带上常悬挂金属杏叶。在汉代，相当于杏叶的饰件叫"珂"。《西京杂记》中说汉武帝时盛饰鞍马，"以南海白蜃为

1

2

图 8-6　南北朝时的障泥

1. 北朝陶马(奈良天理参考馆藏)
2. 南京幕府山东晋墓出土陶马

珂"。汉代用海贝制作的珂虽未获其例，但却发现过金属制的珂，如云南晋宁石寨山7号墓、广西西林普驮铜鼓墓、古乐浪王根墓及蒙古诺颜乌拉匈奴墓中均曾出土上窄下宽的匕头形珂，有铜质鎏金的，也有银的（图8-7:1~4）。王根墓出土的银珂一式十二件，每件上还镶有六颗红玛瑙。外轮廓与之极为相近的铜马珂曾在河南安阳孝民屯154号墓出土，是装在鞦带上的（图8-7:5、6）。汉代马珂的系佩方式或与之相近。而这时波斯萨珊朝的马具中也有珂。萨珊诸王常制作一种骑马狩猎纹银盘，其上所见之珂，早期为圆形、扇形，后期则多为叶形㉘（图8-8）。北齐陶马上有圆形珂；唐代则多用叶形珂，显然都受了萨珊的影响。唐代通常称马珂为杏叶。王勃《春思赋》"杏叶装金镳"，《宋会要辑稿·舆服六》"攀胸上缀铜杏叶"，皆指此物而言。唐代杏叶造型优美，式样繁多，除饰以卷草、宝相花等类植物图案的以外，也有铸出鸾鸟、鸳鸯、麒麟、狮子等动物图案的，其中不乏造型优异的工艺精品（图8-9）。其质地则有铜、银、鎏金和琉璃镶嵌等多种。

唐代的银杏叶有时也简称银花。白居易诗"翩翩白马称金羁，领缀银花尾曳丝"㉙，说的就是垂于马胸前的银杏叶。缀在鞦上的杏叶又叫"压胯"。秦韬玉诗："渥洼奇骨本难求，况是豪家重紫骝；髆大宜悬银压胯，力浑欺着玉衔头。"花蕊夫人宫词："鞍鞯盘龙闹色装，黄金压胯紫游韁。"㉚均是其例。宋代此物又名"校具"，其纹饰与重量依乘马者官职之尊卑而有等差。如宰相、枢密使等用牡丹花校具八十两，枢密副使等用太平花校具七十两，三司使等用麻叶校具五十两；以下还有宝相花校具、洛州花校具、蛮云校具、槲叶校具等名目㉛。唐代杏叶的纹饰虽然有些可以与之相通，但当时还没有如此严密的制度。

唐马在鞍后还系有若干条装饰性的带子，名"鞘"。上述盐湖2号唐墓所出木鞍，于鞍座后部左右两侧各有五个鞘孔，四小一大，应

载
驰
载
驱

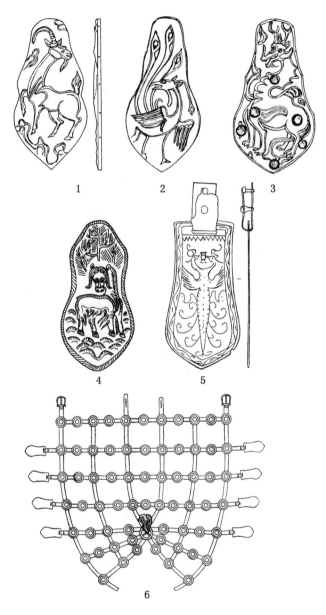

图 8－7　早期的马珂

　　1. 普驮铜鼓墓出土(铜质鎏金)　2. 石寨山 7 号墓出土(铜质鎏金)　3. 乐浪王根墓出土(银)　4. 诺颜乌拉 6 号墓出土(银)　5. 孝民屯 154 号墓出土(铜质鎏金)　6. 孝民屯 154 号墓马具之后鞦复原图,表示系珂的位置

138

図 8-8 萨珊马上的杏叶

（上.圆形 中.扇形 下.叶形）

1、2. 沙普尔二世(309～379 年)银盘 3. 库思老二世(590～628 年)银盘

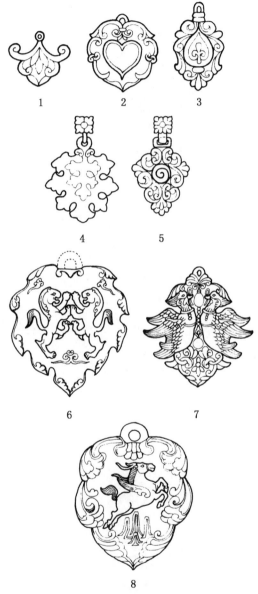

图8-9 唐代的杏叶

　　1. 西安十里铺337号唐墓出土马俑上所见者　2、3. 西安南何村鲜于庭诲墓出土马俑上所见者　4、5. 永泰公主墓出土鎏金铜杏叶　6. 卢芹斋旧藏铜杏叶　7. 正仓院藏银杏叶　8. 巴黎私家收藏鎏金铜杏叶

系垂五鞘，最后面的大孔中所垂之鞘较宽较长；这是唐马通行的作法。《宋史·仪卫志》说，宋代御马垂六鞘；但昭陵六骏仅各垂五鞘，可见唐代尚无此制。在马鞍后部缀以饰带，其渊源也可以上溯到汉。定县与古乐浪出土的汉代铜辖軑纹饰中的骑马者，鞍后每侧系一条末端缀花穗之带，同样的情况在沂南画像石和郑州出土的画像砖上也可以见到（图8-10：1～3）。4世纪以降，萨珊马上也饰以类似的

图 8-10　鞘的出现和形成

1. 定县三盘山西汉墓出土错金银嵌松石铜辖軑　2. 古乐浪西汉墓出土错金银铜辖軑
3. 郑州出土东汉画像砖　4. 磁县东陈村东魏·赵胡仁墓出土陶马

载驰载驱

缀花穗之带②。可见当时东西方均曾采用这种大致相近的马饰。但我国北朝陶马鞍后所垂之带已去其花穗，应即唐鞘之前身（图8-10：4）。不过应当指出的是，鞘是附属于鞍，垂于鞍后的，它和下文将述及之附属在鞦带上的"跋尘"，虽外观差不多，然而却是两种不同的器物。更具体一点地说，单根的鞘带和跋尘的区别是：鞘位于马的鎌、腹之间，位置靠前；跋尘位于尻下股上，位置靠后。由于鞘初出时只有一条，所以在唐代还能看到只垂一鞘的马（图8-18：4）。五鞘应由一鞘发展而来，六鞘更是进一步的发展了。就目前所知，装多根鞘带的作法最早见于朝阳袁台子后燕墓壁画及长沙赤峰山4号南朝晚期墓出土的陶马俑③。降至明代，王鸣鹤《登坛必究·马鞍器械门》所录物件中犹有"硝绳"一目，它就是鞘之流裔，不过此时已不太流行。

至于跋尘，则须从鞦说起。初唐之鞦只是一条长革带，自鞍下一侧绕过马尻拴到鞍的另一侧（图8-11：1）。盛唐时，这条长革带被分成三节：尻后兜住马尾用一节，鞍两侧各用一节。于是，其系结处就出现了两个接头，各垂下一小段革带（图8-11：2、3）。这两段从接头上垂下的短带本不引人注意，但至晚唐时其长度却逐渐增加。莫高窟156窟壁画中张仪潮所骑马之此带已较前显著（图8-11：4）。被郭若虚《图画见闻志》记作"唐末人"的胡瓌，在其《卓歇图》、《回猎图》等作品中所画的马，此带更加长，成为垂于马股际的另一条独立于鞘带之外的饰带（图8-12：2）。这种饰带出现以后，旋即风行。莫高窟98窟南壁五代壁画中的马均悬垂此带。并且由于这时除非等级很高的盛饰之马，大都不佩杏叶，所以此带更被看重。甚至在圣彼得堡爱米塔契博物馆所藏中亚出土之"围攻要塞图"银盘上捶雕的马也饰有此带③（图8-14）。该银盘约制于9世纪后期至10世纪初，其装饰图案表现出东西方混合的色彩；此种饰带并非西方传统的

图 8-11　跋尘的出现

1. 阿斯塔那初唐墓出土屏风画(鞍上无跋尘)　2. 唐·梁令瓒《五星二十八宿神形图》
3. 宋徽宗摹唐·张萱《虢国夫人游春图》(以上二例中的跋尘均为短接头)
4. 莫高窟156窟晚唐壁画《张仪潮出行图》(跋尘稍加长)

唐代的马具与马饰

式样，所以它们在那里的出现很可能是接受了中国马具的直接或间接的影响。时代再晚些，这种饰带更加踵事增华。天显五年（930年）浮海投后唐的辽太祖耶律阿保机之长子、被明宗赐姓名为李赞华者，是当时的一位大画家。在他的《射骑图》中，这种饰带上每条增缀两枚缨拂⑤（图8－12∶1）。以后，在辽、宋、金时，缀缨拂的或光素的这种饰带，在鞍马绘画或雕塑中经常可以见到（图8－12∶3、4；8－13∶1～3）。此带在宋代称为"跋尘"。《宋史·仪卫志》描述御马鞍勒时，在"胸前及腹下皆有攀，缀铜铃"句下说："后有跋尘，锦包尾。"而同书《舆服志》记驾玉辂之马的马具时，在"攀胸铃拂"句下，却只说有"青线织靸，红锦包尾"。由于这种饰带在驾车的马上不用，故可知骑乘之马的马饰中比驾车之马多出的跋尘即此物。元代的鞍马仍饰有跋尘。与前代不同的是：这时的鞦常为上下两条，下面一条用于悬跋尘，上面的一条专用于固定马鞍（图8－13∶4～6）。跋尘在唐末的出现，为鞍马图像的断代提供了一项依据㊱。

有些唐马长鬃披拂，但细马多剪鬃作三花。唐·岑参诗"紫髯胡雏金剪刀，平明剪出三鬃高"之"三鬃"，宋·苏轼《仇池笔记》中的"三鬃马"，皆指此而言。《图画见闻志》卷五"三花马"条说："唐开元、天宝之间，承平日久，世尚轻肥，三花饰马。旧有家藏韩干画《贵戚阅马图》，中有三花马。兼曾见苏大参家有韩干画三花御马。晏元献家张萱画《虢国出行图》中亦有三花马。三花者，剪鬃为三辫。白乐天诗：'凤笺书五色，马鬣剪三花。'"南北朝至隋代的马俑虽有包鬃的，却未见剪成三花者。然而一到初唐，在昭陵六骏中已出现三花，以后在唐代的绘画和雕塑中，三花马更屡见不鲜。值得注意的是，马鬃剪花的作法在我国本有悠久的传统，《吴子》卷二谈马饰时提到过"刻剔毛鬣"，所谓"剔鬣"，大约就包括剪鬃。始皇陵兵马俑坑所出陶马，有剪鬃成一花的。汉代空心砖上的马纹有剪成

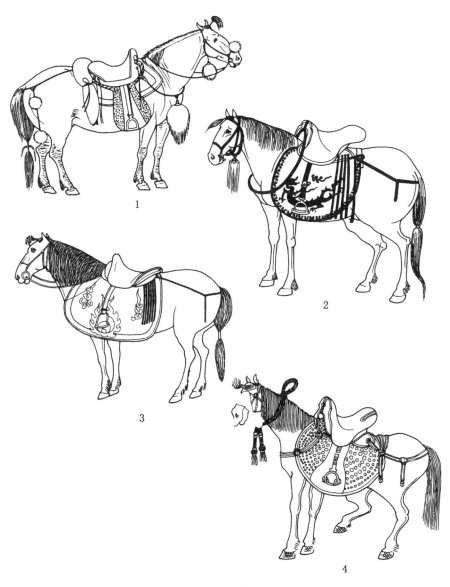

图 8 - 12　跋尘的形成

1. 李赞华《射骑图》　2. 胡瓌《卓歇图》　3. 内蒙古哲里木盟库伦旗 1 号辽墓壁画
4. 内蒙古赤峰敖汉旗白塔子辽墓壁画

载驰载驱

图8-13 跋尘的演变(1.宋 2、3.金 4~6.元)

1.《清明上河图》 2.《文姬归汉图》 3. 山西繁峙岩山寺壁画 4.《元世祖出猎图》
5. 陕西长安泰定三年耶律世昌墓出土陶骑俑 6.《番骑图》

图 8-14 "围攻要塞图"银盘所见跋尘

二花的^㊲（图 8－15）。在帕泽雷克挂毯和匈奴、东胡人的金属饰牌上也能看到剪鬃成一花的马（图 8－16）。波斯阿契美尼德时代与安息时代的马鬃均不剪花。萨珊马虽在鬃部剪花，但数目往往不固定。其中剪出三花的，又都将三花集中在一片台状的高鬃毛上，这和阿弗拉西阿卜的粟特壁画及克孜尔石窟的龟兹壁画中马的剪鬃方式类似（图 8－8∶2），与唐之三花颇异其趣。只有西伯利亚米努辛斯克附近及勒拿河上游希什基诺附近的突厥岩画、楚雷什曼河畔库德尔格的突厥墓地出土石刻及骨鞍桥上所刻之马（均约为 5 ~ 7 世纪），与唐马之三花的剪法相同^㊳（图 8－17∶1 ~ 3）；可见后者曾受到突厥马饰的影响。

然而明·张自烈《正字通·马部》曾引杜甫诗中的"五花马"一词，谓"马鬣剪为五花或三花，象天文王良星也"。则唐马似乎还有一种剪鬃成五花的制度。但这一点是颇为可疑的，因为在唐代的形象资料中从未见过剪出五花的马。唐诗中所说的"五花马"，并非指剪鬃，而是指马身上旋毛的纹理。如杜甫诗"五花散作云满身，万里方见汗流血"，岑参诗"马毛带雪汗气蒸，五花连钱旋作冰"等句中的五花，都应解释成旋毛的纹理才能讲得通^㊴。《尔雅·释畜》："青骊驎驒。"郭注："色有深浅斑驳隐粼，今之连钱骢。"可见"连钱"指马的毛色，"五花连钱"则是指斑驳的旋毛；杜诗中的"五花"能散满全身，亦正是指旋毛沾湿后的汗漫之状。《释畜》又说："回毛在膺宜乘。"郭注："樊光云：'俗呼之官府马。'《伯乐相马法》：'旋毛在腹下如乳者，千里马。'"唐·李石《司牧安骥集》中还收载有《良马旋毛之图》、《旋毛论》等图文。这些均反映出古人对马身上的旋毛的重视。

既然唐马并无剪鬃作五花者，而其三花则效自突厥，其马镳又与突厥之镳有共同点，那么在其他方面是否还和突厥马具有所关联呢？回答是肯定的。为了说明这一点，有必要先回顾一下唐以前的情况。

图 8-15　秦汉时期的一花马和二花马

1. 始皇陵 2 号俑坑所出一花陶马　2. 汉代空心砖上的二花马

图 8-16　匈奴·东胡带具上所见一花马

1. 西伯利亚出土树下休憩骑士纹金带具
2. 二虎噬马纹铜带具(卢芹斋旧藏)

我国的马具至 4 世纪前期双镫出现后才算齐备。4 世纪和 5 世纪时，在鲜卑族统治的北方各国中形成了以装备两桥垂直鞍、硬质箕形障泥、满缀铜铃或杏叶的网络状鞦带、椭圆形板状镳等物为特征的一套马具，可以称之为鲜卑式马具。它们虽然显得比较笨重，但这是马镫产生以后第一代骑兵的马具。当马镫未出现之前，无论东方还是西

图 8-17　三花马

1、2. 米努辛斯克与希什基诺附近的突厥岩画
3. 库德尔格9号突厥墓出土骨鞍桥纹饰　4. 昭陵六骏中的"飒露紫"

方，除了在特殊的形势下，骑兵一般都要和步兵协同作战，而不单独组成主力兵团。战国时最注重骑射的赵国，在名将李牧组建的部队中骑兵只占8％[40]；在西方，罗马共和国时代的玛利安军团中，骑兵亦仅占9％[41]。没有马镫，战马不易控制，进行迅猛激烈的战斗动作时，骑兵首先要防止自身坠鞍，因而必然大大限制它的战术作用的发挥。这时用装备了镫的战骑组成队列冲击步兵，就表现出前所未见的强大威力。如再披上具装，更是所向披靡。元嘉二十七年（450年）北魏与刘宋大战，宋军溃败，六州残破。《宋书·索虏传》总结这一战役时说："彼我胜负，一言可蔽，由于走不逐飞。"走指南朝的步兵，飞则指北朝的鲜卑骑兵。由于对鲜卑式骑兵装备之优越性的承认，所以后来在南朝的兵种中甚至也有装备"鲜卑具装"的"虎班突骑"[42]。

鲜卑式马具直到6世纪中期仍有保持原样的，如河北磁县东魏茹茹公主墓所出陶马俑之例[43]。但局部的变化早在6世纪前期已经出现。建义元年（528年）北魏·元邵墓出土马俑之鞍的后鞍桥已向后倾斜[44]（图8-18：3）。以后在大统十年（544年）西魏·侯义墓、武平元年（570年）北齐·娄睿墓等处出土的陶马俑上，可以看到这种作法被继续完善[45]。特别是娄睿墓壁画中的马，马具和马饰都明显地向着简捷轻便的方向改进，除箕形障泥还在使用外，鞍、鞯、镳的形制均与上面说的鲜卑旧式马具有别。虽然在北朝马具中，这只是一股涓涓细流，但仍表明在鲜卑统治者尚未走下历史舞台以前，他们原先专用骑兵陵蹈步兵的优势已有所改变。当双方均用骑兵相对抗时，战马及其马具也必须进一步适应战争对速度和机动性所提出的更高要求。而这也正是唐初之马具所要解决的问题。

隋末，李渊任太原留守，赴马邑"北备边朔"，他面前的敌人是"唯恃骑射"、"风驰电卷"的突厥人。李渊认为必须学习突厥的长处才能制胜，"乃简使能骑射者二千余人，饮食居止，一同突厥。随

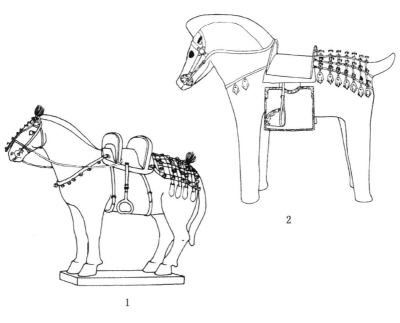

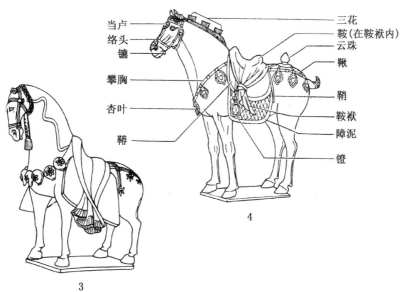

当卢
络头
镳
攀胸
杏叶
鞦

三花
鞍(在鞍袱内)
云珠
鞦
鞘
鞍袱
障泥
镫

1

2

3

4

图 8-18 4~8 世纪的鞍具

1. 安阳孝民屯 154 号墓出土(复原模型,4 世纪)
2. 日本奈良藤之木古坟出土(示意图,6 世纪)
3. 洛阳元邵墓出土马俑(6 世纪)   4. 唐马的鞍具(据 8 世纪的马俑复原)

载
驰
载
驱

逐水草，远置斥堠，每逢突厥候骑，旁若无人，驰骋射猎，以曜威武"[46]。当时李渊和马邑郡守王仁恭两军的兵马不过五千余人，却对占人数一半的精兵给予特殊训练。汪箋先生称这种训练为"突厥化"[47]。也就是说，当李渊起事之前，其军中的骨干力量已开始突厥化了。及至起事之后，李渊北联突厥，从始毕可汗那里得到了一批突厥良马[48]。同时，西突厥的特勤大奈（史大奈）又率众来从[49]。李渊所部既然有这么多突厥化的，或者本身就是突厥族的骑兵，那么突厥式马具在唐军中自然会被广泛使用。这种马具比较轻便，而且一般不披具装。当时以李世民部为代表的唐军经常采取的轻骑突击、迂回掩袭等高度机动的战术之所以能屡奏奇功[50]，与马具的这种改进当不无关系。

除了文献记载所提供的背景情况外，唐代马具所接受的突厥影响从考古学上也能得到证明。虽然受到突厥遗物较少的限制，论证不易充分展开，但基本事实还是清楚的。说到马具，一般常用"鞍、勒"作为代表。勒即衔、镳，唐镳与突厥镳的一致之处上文已经指出。而唐代使用的后桥倾斜鞍亦应来源于突厥。在鲜卑式的两桥垂直鞍上，前鞍桥顶部较平，呈缓和的圆拱形，两边下折部分或垂直，或略向内敛。突厥鞍则不同，在形象资料中从未见过两桥垂直的突厥鞍，他们的鞍均属后桥倾斜鞍类型。出土的突厥鞍之前鞍桥呈颔弓形，两边斜向外侈（图 8-19），唐鞍之前鞍桥的式样正与之相近（图 8-4：3）。从年代上讲，库德尔格 15 号突厥墓的前鞍桥残片与北周"五行大布"（铸于 575～577 年）同出[51]，但此墓并非该墓地中年代最早的，突厥人使用此型马鞍的历史大约可追溯至 6 世纪前期。所以虽然528 年的元邵墓陶马俑之鞍的后鞍桥已倾斜，但这类陶马的鞍上常施鞍袱，前鞍桥的形制往往看不清楚。一些未施鞍袱的马，如侯义墓陶马俑及娄睿墓壁画中所见者，其后鞍桥虽后倾，前鞍桥却仍保持两边

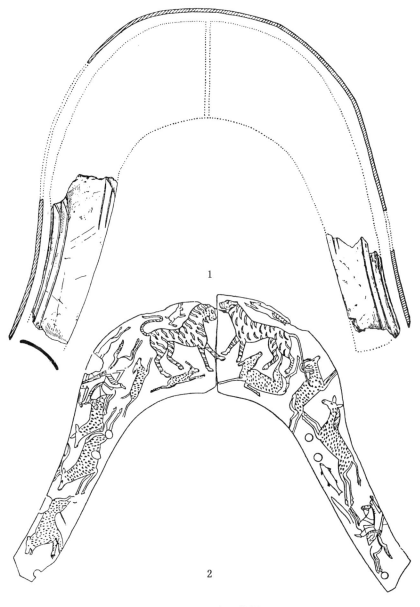

1

2

图 8 – 19　突厥鞍桥

1. 库德尔格 15 号墓出土(伴出物中有"五行大布")　2. 库德尔格 9 号墓出土

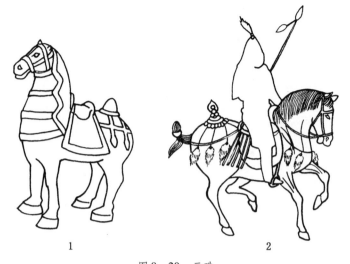

1　　　　　　　　　　　　2

图 8 - 20　云珠

1. 武汉隋墓出土马俑　2. 莫高窟 130 窟东壁南侧唐代壁画

垂直、顶部平缓的圆拱形。可见唐鞍并非取法鲜卑鞍而系取法突厥鞍。

　　不过尽管唐马之鞍、镳、三花与突厥马具、马饰有渊源关系，但唐马上的杏叶和云珠却是从鲜卑马具中沿袭下来的。"杏叶"已见前文。"云珠"之名在我国古文献中失载，这是日本古文献中用的名称[52]，或有所本，姑借用之。云珠位于马尻顶部，初见于隋[53]（图 8 - 20：1）。它是从鲜卑式马具之装在网络状鞦带中部的圆座形节约发展而来的，安阳孝民屯 154 号墓中已出此物。南北朝时的具装马有在此圆座上安装"寄生"的[54]（图 8 - 21：1），但高句丽壁画中也出现过未披具装而安寄生的马（图 8 - 21：4）。高句丽、新罗以及日本马饰中的寄生，大都装在从后鞍桥下部伸出的一根弯曲的管状物（即所谓"蛇行状铁器"）之端[55]（图 8 - 21：3）；我国南北朝时的寄生虽

图 8-21　寄生(1、5、6. 装直立式支架　2~4. 装蛇行状支架)

1. 莫高窟285窟西魏壁画　2. 邓县南朝墓彩色画像砖　3. 朝鲜龙岗郡高句丽双楹冢壁画
4. 集安长川1号高句丽墓壁画　5. 六安东三十铺隋墓画像砖　6. 万县唐墓青瓷俑

唐代的马具与马饰

有装在蛇行状支架上的（图8-21：2），但装在直立式支架上的也不乏其例。安徽六安东三十铺隋墓画像砖上的寄生，其支架尤为挺直㊿（图8-21：5）。唐马之装寄生者，只在四川万县唐墓出土的青瓷俑上见过一例（图8-21：6）。与寄生相近之云珠，在唐代亦不甚普遍（图8-20：2）。有些出土的唐代马俑上的云珠已脱落，惟尻部尚余装云珠用的孔，著名的懿德太子墓及鲜于庭诲墓所出的马俑上都能看到这种痕迹。

马尻之后，唐代对马尾常加缚结。缚尾之马在汉画像石中已颇常见。扬雄《太玄·玄文》："车軡马驈。"范注："驈，尾结也。"《说文》亦谓："驈，系马尾也。"则缚尾本来应当叫作驈尾。唐时西方如萨珊等国也采用这种饰马法，这是当时东西方通行的习惯。

最后，还应当谈一谈蹄铁。有些著作认为我国唐或唐以前已有蹄铁，但并无确证。按公元前1世纪时蹄铁的应用在罗马已较普遍，然而唐代马具中还未发现此物，有人举杜甫《高都护骢马行》"跼促蹄高如踏铁"之句，来推测唐马已有蹄铁，则属误解；因为这不过是诗歌中用的比喻。我国古代兽医著作中，常强调马匹的护蹄，而不曾言及钉蹄铁。汉·王褒《僮约》："调治马驴，兼落三重。"宋·章樵在《古文苑》中为此文作注解说："落当作烙，谓烧铁烙蹄，令坚而耐踏。"是说烙蹄。徐悱《白马》："研蹄饰镂鞍，飞轙度河干。"㊼是说研蹄。杜甫《送长孙九侍御赴武威判官》："骢马新凿蹄，银鞍被来好。"㊽是说凿蹄。至南宋时，陆游《老学庵笔记》卷一说："使虏，旧唯使、副得乘车，三节人皆骑马。马恶则蹄啮不可羁，钝则不能行，良以为苦。"反映出的也是不钉蹄铁的情况。又赵汝适《诸蕃志》卷上记大食国的马，当提到"其马高七尺，用铁为鞋"时，似仍颇觉新奇，反映出这时我国对装蹄铁的作法还比较生疏。我国普遍采用此物的时间，大约不早于元代㊾。

虽然蹄铁在我国的使用较晚，而且系传自西方，但我国的马具也曾对西方产生巨大影响。比如马镫，4世纪以前，西方只发现过作为马镫前身的革制脚扣。第聂伯河下游契尔托姆雷克巨冢出土的斯基泰大银瓶和印度桑奇大塔的浮雕中都可以看到这类脚扣（图8-22），它们都还处在与长沙永宁脚扣约略相当的阶段，还不能算是真正的马镫[60]。而且在西方，即便是这类脚扣也并不多见，因为在古波斯、希腊、罗马以至高卢人那里，流行着一种跳跃跨马法，讲究纵身一跃上马。在希罗多德、色诺芬、恺撒等人的著作中都有这方面的记载[61]。镫虽然是极有用的马具，但在这种跨马法流行的地区中，却失掉了其存在的必要性。大卫·比瓦尔说："像马镫这样一种普通的器具，不但对于全部罗马古代民族来说，一直是闻所未闻，甚至像萨珊波斯那样习于骑射的养马人，竟然也不知马镫为何物，这一事实确实令人惊诧不已，然而看来实情确是如此。"[62]在今伊朗地区，萨曼王朝时代（10世纪）才传入马镫，"被波斯人先称为'中国鞋'，然后又称为'脚套'"[63]。这种情况有点像高坐具中的椅子，虽然此物远在汉代已传入今新疆地区，可是因为当时中原尚流行跪坐，所以它迟迟进不了玉门关。在并未形成跳跃跨马法传统的我国，当4世纪前期出现了如南京象山7号墓所出的装双马镫之马后，不但改善了骑乘条件，而且也适应了新兴的着长铁铠、骑具装马的重装甲骑的需要，所以就迅速推广，并进一步促成了骑马之风在唐代的盛行。西方接受马镫的时间先后不一，欧洲的马镫最早发现于6世纪的匈牙利。匈牙利地处东欧，与自黑海向东延伸的欧亚大草原接壤。我国发明的马镫，就是随着活跃在这片大草原上的各族骑手的蹄迹，逐步西传到欧洲的。比如1939年 Л. A. 叶芙丘霍娃在叶尼塞河畔科品内突厥巨冢发掘出土的8~9世纪之青铜骑士像，马上骑的虽然是突厥人，但马具、马饰却纯然唐风，正可作为中国马具通过草原各族向外传播的一个侧面的写

1

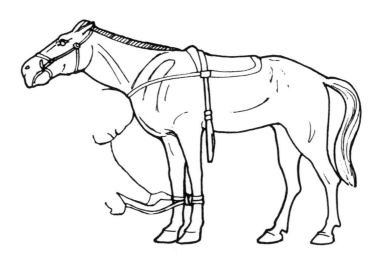

2

图 8-22　斯基泰人所用脚扣

1. 契尔托姆雷克巨冢出土银瓶　2. 银瓶纹饰中所见系有脚扣的马

图8－23 8~9世纪的突厥骑士

（科品内巨冢出土）

照⑭（图8－23）。关于这一点，一些西方的科技史著作中也持类似的
看法⑮。至于中国马具自西方获得的启迪和借鉴，如本文所简单地提
到的，那就是从这种交流中受益的另一方了。

唐代的马具与马饰

注　释

始皇陵 2 号铜车对车制研究的新启示

* 原载《文物》1983 年第 7 期。

① 辎车画像石为潘祖荫旧藏，收入关野贞《支那山東省に於ける漢代墳墓の表飾》图版 113。榜题为"輜车"二字。按汉代的菑字可写作菑、甾（见罗振玉《齐鲁封泥集存》叶一三"菑川廐丞"；顾南原《隶辨》卷一引《武班碑》"齐国临菑"），故輜车即辎车。又马王堆 3 号墓所出简文中辎车作"輜车"，字形亦相近。

② 如《沂南古画像石墓发掘简报》中第 39 幅拓片为墓主夫人出行行列，由三车、六骑、二徒步前导组成，夫人车居第二，正是一辎车。

③ 《说文·穴部》。

④ 王力：《同源字典》页 385，商务印书馆，1982 年。

⑤ 《一切经音义》卷一引《苍颉篇》。《西京赋》薛综注。

⑥ 《太平御览》卷一四九、六九五、七〇七引《晋东宫旧事》有"七綵杯文绮"。夏鼐：《新疆发现的古代丝织品——绮、锦和刺绣》，《考古学报》1963 年第 1 期。

⑦ 黄河水库考古工作队：《河南陕县刘家渠汉墓》插图 30∶8，《考古学报》1965 年第 1 期。

⑧ 朱骏声：《说文通训定声·小部》阃字注。

⑨ 《说文·木部》："楗，距门也。"

⑩ 《说文·门部》："阃，关下牡也。"

⑪ 中国社会科学院考古研究所、河北省文物管理处：《满城汉墓发掘报告》上册，页 323、324，文物出版社，1980 年。

⑫ 《礼记·杂记》郑注："袡谓鳖甲边缘。"《礼记·丧大记》孔疏："荒谓柳车上覆，谓鳖甲也。"《释名·释丧制》说：辒车的车盖"其形偻也，亦曰鳖甲，似鳖甲然也"。

⑬ 《释名·释车》："齐人谓车枕以前曰缩，言缩缩也。兖、冀曰育，御者坐中执御，育育然也。"

⑭⑰ 吴镇烽、尚志儒：《陕西凤翔八旗屯秦国墓葬发掘简报》，《文物资料丛刊》3，

1980 年。

⑮ 以前常有人举出古文字中的攴字，以为是象人手执鞭状；于是认为凡是畜旁从攴之字都代表执鞭放牧。但甲文从攴之字如"牧"，多数作𤞞（前 5·27·1），少数作𤔔（乙2626）。前者象手执一杖，后者则似执带短枝桠的树权。而金文"牧"字作𤔣（小臣𧤌簋），其驱牛之杖却正是带枝桠的那一种。文字隶变作扑。《书·舜典》："扑作教刑。"传："扑，榎楚也。"清·江沅《说文释例》："夏同梜，山楸，用其枝。楚者，荆；今之黄荆条也。"故𤞞字中人手所执者，恐即夏楚之类。其短枝可用以击啄，策上的短刺或亦由此转化而来。《楚辞·九章·悲回风》："施黄棘之枉策。"王注："施黄棘之刺，以为马策，言其利用急疾也。"虽然后来洪兴祖认为黄棘是地名，指楚怀王与秦昭王的黄棘之盟，但孙诒让《札迻》卷一二否定其说。黄棘即《仪礼·士丧礼》所称"王棘"，郑注以为王棘"善理坚刃"，故可用以为策。按东汉晚期以前驱马通常用策。如《汉书·陈项传》："振长策而驭宇内。"颜注："以乘马为喻也。策，所以挝马也。"同书《万石君传》记石庆为太仆，"御出，上问车中几马。庆以策数马毕，举手曰：'六马'。"武氏祠画像石闵子骞故事的榜题说："子骞衣寒，御车失棰。"棰、箠字通，即策。以上诸例均可为驱马用策之证。

策前之鋋由于是从棘刺等物转化来，故一般并不太尖利。《吕氏春秋·功名篇》高注引《淮南记》："急辔利鋋，非千里之御也。"正缘此而发。陕西凤翔西村 1 号战国车马坑出土的铜鋋，用骨套固定于策端，其锋较钝，露出套外仅 0.3 厘米（见《考古与文物》1986 年第 1 期，页 27），但已较《说文》所说棰"着箴其耑长半分（合 0.115 厘米）"者，要长一些了。因此以鋋贯颐仍应看作是罕见的事故。

⑯ "左执鞭弭"之语见《左传·僖公二十三年》。又《左传·文公十三年》记晋·士会自秦归国，秦大夫绕朝（马王堆出土《春秋事语》作"晓朝"）赠之以策。杜注："策、马挝。"可是在李白的诗里，既有"敢献绕朝策，思同郭泰船"之句，又有"莫道词人无胆气，临行将赠绕朝鞭"之句（《李太白诗》卷一二；一七）。策和鞭已被混为一谈。

⑰ 张长寿、张孝光：《说伏兔与画辀》，《考古》1980 年第 4 期。

⑱ 宝鸡茹家庄西周墓发掘队：《陕西省宝鸡市茹家庄西周墓发掘简报》插图 64∶13，《文物》1976 年第 4 期。

⑲ 这种笠毂在辉县与洛阳均有出土，前者见《辉县发掘报告》图版 51∶2、3；后者见洛阳博物馆《洛阳中州路战国车马坑》插图 4∶4，《考古》1974 年第 3 期。关于笠毂，详本书《中国古独辀马车的结构》一文。

⑳ 戴震：《考工记图》；阮元：《车制图解》。

㉑ 青海省文物考古工作队：《青海大通上孙家寨出土汉简》，《文物》1981 年第 2 期，页 33。

㉒ 《史记·田单列传》。

㉓ 山西省考古研究所、太原市文物管理委员会：《太原金胜村 251 号春秋大墓及车马坑发掘简报》，《文物》1989 年第 9 期。

㉔㊶ 魏怀珩：《甘肃平凉庙庄的两座战国墓》，《考古与文物》1982 年第 5 期。

㉕ 中国科学院考古研究所：《辉县发掘报告》页 116，科学出版社，1956 年。淮阴市博物馆：《淮阴高庄战国墓》，《考古学报》1988 年第 2 期。王恩田：《辉县赵固刻纹鉴图

载
驰
载
驱

说》图6，《文物集刊》2，页166，1980年。

㉖ 《广雅·释水》王念孙疏证："《众经音义》卷十四云：'桄，《声类》作桄，车下横木也。'今车床及梯舆下横木皆曰桄。"

㉗㊴㊹ 孙机：《从胸式系驾法到鞍套式系驾法》，《考古》1980年第5期。

㉘ 秦俑考古队：《秦始皇陵二号铜车马清理简报》，《文物》1983年第7期。

㉙ 杨英杰：《先秦古车挽马部分鞁具与马饰考辨》，《文物》1988年第2期。该文认为此牵马尾之带为纷。案纷之名称不见于先秦典籍，它是汉代韬马尾的带子。此物只缩住马尾，而不经腹下向前系于轭或鞁上，与鞾不同。至于训"绊马足"之羁，自别是一物。

㉚ 党士学：《关于秦陵二号铜车马》，《文博》1985年第2期。

㉛㊷ 洛阳博物馆：《洛阳中州路战国车马坑》，《考古》1974年第3期。

㉜㊳ 始皇陵秦俑坑考古发掘队：《秦始皇陵东侧第二号兵马俑坑钻探试掘简报》，《文物》1978年第5期。

㉝ 《诗·郑风·清人》郑笺。

㉞ 《清人》："左旋右抽。"《说文·手部》揥下引三家诗作"左旋右揥"。揥训击刺，于义为胜。由此可知战车上左侧较安全，故国君乘车也常居左侧。《曲礼》："乘君之车，不敢旷左。"郑注："君恶空其位。"可证。《周礼·大驭》孙诒让正义："凡王平时乘路，皆居左。"

㉟ 《管子·轻重戊》尹知章注。

㊱ 《淮南子·修务》。

㊲ 《左传·僖公三十年》记孟明视战败被俘，后逃出晋国。晋使阳处父追之，及至界河边，孟明视已在舟中。阳处父则解左骖以晋襄公的名义赠之，想把他引诱上岸。《晏子春秋·内篇杂上》谓晏子去晋国，遇到一位沦为奴隶的贤者越石父，晏子"解左骖赎之以归"。《韩非子·外储说左上》谓晋文公返国时，在界河上与从行的功臣"解左骖而盟于河"。《吕氏春秋·爱士篇》："韩原之战，晋人已环缪公之车矣，晋·梁由靡已扣缪公之左骖矣。"《说苑·权谋篇》："共王猎江渚之野，野火之起若云蜺，虎狼之嗥若雷霆，有狂兕从南方来，正触王左骖。"《史记·司马穰苴列传》："景公遣使者持节赦贾，驰入军中。穰苴曰：'将在军，君令有所不受。'问军正曰：'驰三军法何？'正曰'当斩。'使者大惧。穰苴曰：'君之使不可杀之。'乃斩其仆、车之左辀、马之左骖，以徇三军。"又同书《秦始皇本纪》："二世梦白虎啮其左骖马，杀之，心不乐。"《水经注》卷四："《搜神记》称齐景公渡于江沈（《御览》卷四二、九三二引《搜神记》皆作'江沅'）之河，鼋衔左骖没之，众皆惊惕。古冶子于是拔剑从之，邪行五里，逆行三里，至于砥柱之下，乃鼋也。左手持鼋头，右手挟左骖，燕跃鹄踊而出。仰天大呼，水为逆流三百步。观者皆以为河伯也。"从这些记载的情节和语气中都可以看出，左骖是车中最好的马。

㊵ 山东省昌潍地区文物管理组：《胶县西庵遗址调查试掘简报》，《文物》1977年第4期。

㊸ 湖北省文物考古研究所：《江陵九店东周墓》页135，图95，科学出版社，1995年。

㊺ 郭宝钧：《浚县辛村》页14，科学出版社，1964年。

㊻ 中国社会科学院考古研究所沣西发掘队：《陕西长安张家坡M170号井叔墓发掘简

报》，《考古》1990 年第 6 期。

㊽　资料存河南省文物研究所。

略论始皇陵 1 号铜车

＊　原载《文物》1991 年第 1 期。

① 洛阳博物馆：《洛阳中州路战国车马坑》，《考古》1974 年第 3 期。

② 林巳奈夫：《汉代の文物》页 467、468，京都，1986 年。

③ 河北省文化局文物工作队：《河北邯郸百家村战国墓》，《考古》1962 年第 2 期。山西省文物管理委员会等：《山西长治分水岭战国墓第二次发掘》，《文物》1964 年第 3 期。

④ 高至喜：《记长沙、常德出土弩机的战国墓》，《文物》1964 年第 6 期。

⑤ 中国社会科学院考古研究所汉城工作队：《汉长安城武库遗址发掘的初步收获》，《考古》1978 年第 4 期。

⑥ 山东省菏泽地区汉墓发掘小组：《巨野红土山西汉墓》，《考古学报》1983 年第 4 期。

⑦ 中国科学院考古研究所：《长沙发掘报告》，科学出版社，1957 年。

⑧ 杨泓：《中国古兵器论丛·战车与车战》，文物出版社，1985 年。

⑨ 淮阴市博物馆：《淮阴市高庄战国墓》，《考古学报》1988 年第 2 期。

⑩ 河南省文物研究所等：《河南淮阳马鞍冢楚墓发掘简报》，《文物》1984 年第 10 期。山西省考古研究所、太原市文物管理委员会：《太原金胜村 251 号春秋大墓及车马坑发掘简报》，《文物》1989 年第 9 期。

⑪ 古车具中名"方轪"者有二物，详《中国古舆服论丛》一书《两唐书舆（车）服志校释稿》卷一，【旧 13】注⑰。

⑫ 王士伦：《浙江出土铜镜》页 37，文物出版社，1987 年。

⑬ 山东省淄博市博物馆：《西汉齐王墓随葬器物坑》，《考古学报》1985 年第 2 期。

中国古独辀马车的结构

＊　原载《文物》1985 年第 8 期。

①⑫㉓　见本书《中国古马车的三种系驾法》一文。

②　《三代吉金文存》卷一三，叶 13。《商周金文录遗》266。

③　《左传·文公十一年》，《左传·襄公二十三年》，《左传·昭公二十年》。

④　佅收即浅轸，见《诗·秦风·小戎》郑玄笺。

⑤　《周礼·春官·巾车》孔疏："兵车、乘车，横广，前后短。大车、柏车、羊车皆方。"

⑥㊿⑧⑯　张长寿、张孝光：《殷周车制略说》，《中国考古学研究（一）》，文物出版社，1986 年。

⑦　《说文·车部》輨字，段玉裁注引戴震云："輨者，轼、较下纵横木总名。"

⑧　《说文·车部》："辁，轺车后登也。"段注："古车无不后登者。"

⑨　《左传·僖公三十三年》："秦师过周北门，左右免胄而下，超乘者三百乘。"杜注："超乘示勇。"《吕氏春秋·悔过篇》亦载此事而文微异。高诱注："超乘，巨踊车上也。"毕沅《吕氏春秋新校正》云："注'巨踊'之'巨'，当从《左传》'距跃曲踊'之'距'。车中如何跳踊？《左传》所载'左右免胄而下'为是。盖既下而即跃以上车，示其有勇。"又《左传·昭公元年》记子南请婚于徐吾家，"戎服入，左右射，超乘而出"。杨伯峻注："车在门外，超乘，一跃登上车以出。"并主此说，信是。到了汉代超乘的技术有所发展。《史记·卫绾列传》："绾以戏车为郎。"集解引应劭曰："能左右超乘也。"如淳曰："栎机辕之类。"索隐："栎音历，谓超逾之也。辕音卫，谓车轴头也。"则这时的超乘者能从车左右两侧跃过輈端和车辕以登，难度更大。

⑩　《周礼·夏官·隶仆》："王行，洗乘石。"郑玄注引郑众说："乘石，王所登上车之石也。"

⑪　《仪礼·士昏礼》："妇乘以几。"

⑫　《论语·乡党》皇侃疏，古人"皆于车中倚立，倚立难久，故于车箱上安一横木，以手隐凭之，谓之为较"。《说文·车部》："较，车輢上曲钩也。"

⑬　郭宝钧：《浚县辛村》图版 39∶1，科学出版社，1964 年。

⑭　《文物》1978 年第 5 期，页 19，图 28∶11。

⑮　中国社会科学院考古研究所、河北省文管处：《满城汉墓发掘报告》上册，页 193；下册，图版 103∶2，文物出版社，1980 年。

⑯　甘肃省博物馆：《武威磨嘴子三座汉墓发掘简报》，《文物》1972 年第 12 期。

⑰　《说文·车部》："轼，车前也。"《论语·乡党》皇侃疏："又于较之下，未至车床半许，安一横木名为轼，若在车上应为敬时，则落手凭轼。"

⑱　《说文·糸部》："紱，车伏也。"《释名·释车》："靴，伏也，在车前，人所伏也。"《广雅·释器》："絉谓之轼。"

⑲　《文选·魏都赋》"凭轼捶马"，李善注："轼，车横覆膝，人所凭也。"

⑳　《广雅·释水》"舳谓之桄"，王念孙疏证："《众经音义》卷十四云：'桄，《声类》作轪，车下横木也。'今车、床及梯、舆下横木皆曰桄。"

㉑　中国科学院考古研究所：《上村岭虢国墓地》页 43，科学出版社，1959 年。

㉒　中国科学院考古研究所：《辉县发掘报告》页 51，科学出版社，1956 年。

㉓　《说文·车部》："辖，车藉交革也。"《急就篇》颜注："革辖，车藉交革也。"

㉔　中国社会科学院考古研究所安阳工作队：《殷墟西区发现一座车马坑》，《考古》1984 年第 6 期。

㉕　金立：《江陵凤凰山八号汉墓竹简试释》，《文物》1976 年第 6 期。

㉖　《后汉书·祭遵传》："（建武）八年秋，复从车驾上陇。时遵有疾，诏赐重茵，覆以御盖。"我国古代有依坐席的层数区别尊卑之制。《礼记·礼器》："天子之席五重，诸侯之席三重，大夫再重。"车上铺重茵应与此制有关。

㉗　中国社会科学院考古研究所、北京市文物工作队：《1981—1983 年琉璃河西周燕国墓地发掘简报》，《考古》1984 年第 5 期。

㉘㊵　山东省博物馆、临沂地区文物组、莒南县文化馆：《莒南大店春秋时期莒国殉人墓》，《考古学报》1978 年第 3 期。湖南省博物馆：《长沙浏城桥一号墓》，《考古学

报》1972 年第 1 期。

㉙ 《释名·释车》："杠，公也，众叉所公共也。"《华严经音义》："杠谓盖竿也。"

㉚ 《考工记·轮人》郑玄注引郑众说："部，盖斗也。"桓谭《新论》："北斗极天枢；枢，天轴也，犹盖有保斗矣。"

㉛ 北京琉璃河所出者，见《考古》1984 年第 5 期，页 410。莒南所出者，见《考古学报》1978 年第 3 期，页 323。浏城桥所出者，见《考古学报》1972 年第 1 期，页 67。江陵藤店所出者，见《文物》1973 年第 9 期，页 9。天星观所出者，见《考古学报》1982 年第 1 期，页 88、89。

㉜ 长沙所出模型，见《长沙发掘报告》页 148。武威所出模型，见《文物》1972 年第 12 期，页 13。光化所出带有残余盖弓之盖斗，见湖北省博物馆：《光化五座坟西汉墓》图版 6：10，《考古学报》1976 年第 2 期。

㉝ 《考工记·轮人》："参分其股围，去其一以为蚤围。"郑注："蚤当为爪。"《汉书·王莽传》"金瑵"，颜注："瑵读若爪，谓盖弓头为爪形。"

㉞ 莒南盖弓帽见注㉘所揭文。邯郸所出者，见河北省文管处、邯郸地区文保所、邯郸市文保所：《河北邯郸赵王陵》，《考古》1982 年第 6 期。

㉟ 《续汉书·舆服志》："羽盖华蚤。"《文选·东京赋》："蕱瑵曲茎。"李善注："蕱爪悉以金作华形，茎皆曲。"

㊱ 《周礼·夏官·道右》。

㊲ 《周礼·春官·巾车》。

㊳ 《汉书·外戚传》谓，上官桀"少时为羽林期门郎，从武帝上甘泉，天大风，车不得行，解盖授桀"。

㊴ 《左传·宣公四年》杜注："兵车无盖。"又《左传·庄公十年》记长勺之战中，曹刿曾登轼远望故军。而《考工记》说："盖已崇则难为门也，盖已卑是蔽目也。是故盖崇十尺。"郑玄注："十尺，其中正也。盖十尺，宇二尺，而人长八尺，卑于此蔽人目。"则人的身高正与车盖的下缘相当。如果曹刿所乘之车建盖，则他登上轼以后就无法远望。从而亦可证兵车不装车盖。

㊶ 固围村所出者，见中国科学院考古研究所：《辉县发掘报告》页 79、80，原定名为"辌饰"。中州路所出者，见《考古》1974 年第 3 期，页 174，图版 3：3。藤店所出者，见《文物》1973 年第 9 期，页 9、10。天星观所出者，见《考古学报》1982 年第 1 期，页 88、89。

㊷ 《考工记·轮人》："轮人为盖，达常围三寸，桯围倍之六寸。"贾疏："盖柄有两节，此达常是上节"，桯是"盖柄下节"。

㊸ 唐·慧苑《华严经音义》卷九引魏·李登《声类》说轪輗"乃是轼中环，持盖杠者也"。所谓持盖杠之环当即指盖杠上的管箍。《急就篇》"盖、轪、伡倪、轭、缚、棠"，将轪輗和盖、轭连举，也证明此物当位于车盖附近。《晋书·五行志》："安帝元兴三年正月，桓玄出游大航南，飘风飞其轪輗盖。"描写的是大风将车盖连同达常与此管箍一同吹去的情况。晋·崔豹《古今注·曲盖》中也有"轪輗盖"一词。因轪輗附着在盖底的短柄（达常）上，故与盖连言。

㊹ 史树青：《我国古代的金错工艺》，《文物》1973 年第 6 期。

㊺ 张长寿、张孝光：《说伏兔与画辀》，《考古》1980 年第 4 期。

㊻ 《左传·宣公四年》杜注称："兵车无盖，尊者则边人执笠，依毂而立，以御寒暑，名曰笠毂。"案兵车只在临阵时始去其盖，而交战之际，车上除"尊者"与御者外，惟有一名执长兵的车右，并无可容此执笠的"边人"之余地。杜说不确。又清·钱绮《左传札记》以为笠毂在车盖上，指装盖弓的盖斗。然而名盖斗为毂，于古无据，于理不合，其说尤误。

㊼ 大司空村之车，见马得志、周永珍、张云鹏：《一九五三年安阳大司空村发掘报告》，《考古学报》第 9 册，1955 年。张家坡之车，见中国社会科学院考古研究所沣西发掘队：《1976 年长安张家坡西周墓葬的发掘》，《考古学报》1980 年第 4 期。琉璃河之车的轸、毂间距，据《考古》1974 年第 5 期，页 319，图 18，"一号车马坑平面图"量出。

㊽ 宝鸡茹家庄西周墓发掘队：《陕西省宝鸡市茹家庄西周墓发掘简报》，《文物》1976 年第 4 期，页 36，图 64：13。中国社会科学院考古研究所洛阳唐城队：《洛阳老城发现四座西周车马坑》，《考古》1988 年第 1 期，页 21，图 5：5。

㊾ 临猗所出者，见张岱海、张彦煌：《临猗程村 M1065 号车马坑中车的结构实测与仿制》，载《中国考古学论丛》，科学出版社，1995 年。辉县所出者，见注㉒所揭书，页 79，图版 51：2、3。洛阳所出者，见《考古》1974 年第 3 期，页 175，图 4：3。

㊿ 同注⑮下册，图版 132：2；226：1～3。

51 《考工记·轮人》："五分其毂长，去一以为贤，去三以为轵。"郑玄注引郑众说："贤，大穿也。轵，小穿也。"孙诒让正义引阮元云："穿者，轴所贯也。大穿者，在辐内近舆之名；小穿者，在辐外近辖之名。"

52 安阳大司空村 175 号车马坑所出之车，轴中部遗痕宽 7、轴端直径 4.1 厘米，见《考古学报》第 9 册页 63。

53 长安张家坡第 2 号车马坑第 2 号车之毂，长约 52 厘米，见中国科学院考古研究所：《沣西发掘报告》图 94，文物出版社，1963 年。又浚县辛村所出分为二段之铜毂饰共长 52.9 厘米，毂凿部尚未计入，见《浚县辛村》页 47。

54 《说文·车部》："軝，毂嵤锴也。"段注："锴者，以金有所冒也。毂孔之里，以金裹之曰釭；毂孔之外，以金表之曰軝。"

55 中国科学院考古研究所：《沣西发掘报告》页 149，图 102：11。《考古》1981 年第 1 期，页 18。《文物资料丛刊》第 2 辑，页 49，图 8：1。《考古》1988 年第 1 期，页 21。《浚县辛村》图版 33：3。《考古》1976 年第 4 期，页 256。

56 同注⑬页 48、注㉑页 46。

57 《文物》1982 年第 8 期，页 47，图 21：9。

58 《说文·玉部》："琮，瑞玉，大八寸，似车釭。"《考工记·轮人》孙诒让正义："《大宗伯》注云：'琮，八方，象地。' 车釭与彼物相似，则当内圜而外为八觚形。盖釭内空与轴相函。故必圜以利转；外边则嵌入毂中，故为觚棱，使金木相持而固，不复摇动也。"其说甚是。惟釭为六角形，未见八角形者。所谓似琮，亦仅取外轮廓为多角形而已。

59 河南省文物研究所、镇平县文化馆：《河南镇平出土的汉代窖藏铁范和铁器》，《考古》1982 年第 3 期。

⑥ 镇平所出汉代六角铁釭上的铭文云："王氏大牢工作，真倱中。"倱应是辊之假字。"真倱中"即《说文》"辊，毂齐等貌，……《周礼》'望其毂，欲其辊'"之意。今本《周礼》作"欲其眼"，郑玄注："眼，出大貌。"按镇平釭铭中之倱字作倱，右旁颇似艮字。郑所据本辊字如作輨，其车旁半泐，则易误为眼字。

⑥ 《考古》1974 年第 3 期，页 175，图 4：2。

⑥ 同注⑮《满城汉墓发掘报告》上册，页 185。

⑥ 同注⑬页 50，图版 80：3~6。《文物资料丛刊》第 2 辑，页 49，图 8：4、5。

⑥ 出土文物展览工作组：《文化大革命期间出土文物》第 1 辑，页 88，文物出版社，1972 年。

⑥ 陕西省文管会秦墓发掘组：《陕西户县宋村春秋秦墓发掘简报》，《文物》1975 年第10 期。

⑥ 郑杰祥：《河南新野发现的曾国铜器》，《文物》1973 年第 5 期。

⑥ 八边形之軎，见于江陵天星观 1 号楚墓，《考古学报》1982 年第 1 期；十边形之軎，见淅川下寺楚墓，《文物》1980 年第 10 期；十一边形之軎，见于莒南大店莒国墓，《考古学报》1983 年第 3 期；十二边形、十四边形之軎亦见于莒南莒国墓。

⑥ 《淮南子·氾论》"连弩以射，销车以斗"之销车即装有刃軎之车。

⑦ 孙机：《有刃车軎与多戈戟》，《文物》1980 年第 12 期。

⑦ 《说文·车部》："輮，车网也。"《释名·释车》："辋，网也，网罗周轮之处也。关西曰輮，言曲揉也。"《韩非子·显学篇》："夫必恃自直之箭，百世无矢；恃自圜之木，千世无轮矣。自直之箭、自圜之木，百世无有一，然而世皆乘车射禽者何也？ 隐栝之道用也。"《荀子·大略篇》"示诸隐栝"，杨注："矫煣木之器也。"《淮南子·氾论》亦云："揉轮建舆，驾马服牛。"则轮牙是揉制成的。或谓轮牙"是由数片曲形木板拼合而成"（《考古》1984 年第 6 期，页 548），如其观察不误，亦应属个别现象。

⑦ 牙合二木者，见《浚县辛村》页 49。又《辉县发掘报告》页 48 引王振铎说。

⑦ 关于伦扁（亦作轮扁）的故事，在《庄子·天道篇》中已有记载，但未举"合三木而为一"的例子。洪山画像石，见《山东汉画像石选集》图 181，齐鲁书社，1982 年。

⑦ 《考工记·轮人》郑玄注："蚤……谓辐入牙中者也，……菑谓辐入毂中者也。"

⑦ 《考工记·轮人》孙诒让正义引戴震说："绠之言偏箄也。"

⑦ 商代装 26 辐的车轮，见于安阳孝民屯 2 号车。春秋时装 28 辐的车轮，见于陕县上村岭1227 号车马坑之 2 号车与凤翔八旗屯秦墓出土之车。辉县琉璃阁战国车马坑中之车，大部分均装 26 辐。

⑦ 南京博物院：《江苏涟水三里墩西汉墓》，《考古》1973 年第 2 期。

⑦ 《说文·车部》："有辐曰轮，无辐曰辁。"

⑦ 参看《考古》1980 年第 5 期孙机文所附先秦古车轮径统计表。

⑧ 西周早期铜踵，见《考古学报》1980 年第 4 期，页 479，图 23：1。

⑧ 胶县出土的西周晚期铜踵，见《文物》1977 年第 4 期，页 66，图 5：6。

⑧ 商车轴辋相卯合的情况，见《考古》1972 年第 4 期，页 26，图 2：3。

注
释

㊏ 甘肃平凉庙庄战国晚期墓出土之车,轴、辋间未凿槽卯合。见《考古与文物》1982 年第 5 期,页 26、27,图4、5。

㊑ 《释名·释车》:"钩心从舆心下钩轴也。"《易·小畜》孔疏引郑注:"舆下缚木与轴相连,钩心之木是也。"

㊐ 中国社会科学院考古研究所沣西发掘队:《陕西长安张家坡 M170 号井叔墓发掘简报》,《考古》1990 年第 6 期。

㊓ 石璋如:《小屯 C 区的墓葬群》,《历史语言研究所集刊》第 23 本;同氏《殷代的车》,《大陆杂志》第 36 本第 10 期。

㊒ 中国科学院考古研究所安阳工作队:《安阳新发现的殷代车马坑》,《考古》1972 年第 4 期。中国社会科学院考古研究所安阳工作队:《殷墟西区发现一座车马坑》,《考古》1984 年第 6 期。

㊚ 杨宝成:《殷代车子的发现与复原》,《考古》1984 年第 6 期。

㊛ 刘一曼:《殷墟车子遗迹及甲骨金文中的车字》,《中原文物》2000 年第 2 期。

㊜ 同注㊝之一,页 144、145。

㊞ 这种衡末饰曾在北京房山琉璃河董家林 253 号西周墓及琉璃河黄土坡 1015 号西周墓出土,后者见《考古》1984 年第 5 期,图版 4:6。

㊡ 杨鸿勋:《凤翔出土春秋秦宫铜构——金釭》,《考古》1976 年第 2 期。

㊠ 《诗·小雅·楚茨》毛传:"邪行为错。"《易·系辞上·传》虞注:"逆上称错。"

㊗ 《文物资料丛刊》第 3 辑,页 77。

㊘ 《考古学报》1978 年第 3 期,页 326。

㊢ 《辉县发掘报告》页 52,图 62:1~4。《文物》1972 年第 5 期,页 44,图 11。

㊣ 琉璃阁之车,见《辉县发掘报告》页 48。始皇陵 2 号车上的鞁钮在秦俑考古队《秦始皇陵二号铜车马清理简报》(《文物》1983 年第 7 期)一文中被称为银钗;不确。

⑩ 《说文·车部》:"轐,车伏兔也革也。"又《革部》:"鞪,车轴束也。"《释名·释车》:"靷,县也,所以县缚轭也。"《诗·小雅·斯干》毛传:"軧,长毂之軧也,朱而约之。"《说文·车部》:"軝,軝或从革。"

⑩ 《盐铁论·大论第五十九》:"胶车倏逢雨,请与诸生解。"

⑩ 中国科学院考古研究所安阳发掘队:《安阳殷墟孝民屯的两座车马坑》,《考古》1977 年第 1 期。

⑩ 同注⑬页 53。

⑩ 琉璃河所出者,见《考古》1984 年第 5 期,页 410,图 5。洛阳所出者为洛阳博物馆发掘资料。

⑩ 徐州所出者,见《考古学报》1985 年第 1 期,127,图 7:3。曲阜所出者,见《文物》1972 年第 5 期,封 3,图 6。

⑩ 甬字从用。杨树达《积微居小学述林·释用》谓用乃桶字初文。唐写本《说文·木部》:"桶,木方器也。"铜銮下部正呈方形。郭沫若《毛公鼎之年代》谓金甬即鸾铃,其说是。曾侯乙墓简文中之"齿桷",或是一种象牙器,与铜銮无关。

⑩ 同注㉒页 48,图 58:2。《文物》1984 年第 10 期,页 9、10,图 27、28。

⑩ 当阳所出者,见《文物》1990 年第 10 期,页 29。又郭宝钧《浚县辛村古残墓之清理》

（《田野考古报告》1，1936 年）描述该墓出土的一件铜銮，"状如銮，但二轮非纵接，上下合如两盖，中亦含一丸。座为圆管状，有三角形及米粒形花纹，下接以钉状之铜帽"。亦是其例。汉代的此类铜銮的图像见于辽阳北园汉墓壁画（《国立沈阳博物院筹备委员会汇刊》第 1 期，1947 年）。其实物曾在陕西神木中沟出土，见《文物》1983 年第 12 期，页 29，图 15。

⑩⑨ 见《中国古舆服论丛》一书《两唐书舆（车）服志校释稿》卷一，【旧 13】注⑯。

⑩⑩⑩⑪ 杨英杰：《先秦古车挽马部分鞁具与马饰考辨》，《文物》1988 年第 2 期。

⑪⑫ 浚县辛村出土西周圆铜泡，背铭"卫白易"（《浚县辛村》页 45），应是万舞之盾上的锡，即《礼记·郊特牲》所说的"朱干设锡，冕而舞大武"，郑注："干，盾也；锡，傅其背如龟也。"北京房山琉璃河出土的西周圆铜泡，背铭"郾侯舞易"[《中国美术全集·青铜器（上）》图 170]，也是这种盾锡，其形制与当时的圆形马锡基本一致。

⑪⑬ 甘肃灵台白草坡所出者，见《考古学报》1977 年第 2 期，页 117，图 16：1。山西洪赵永凝堡所出者，见《文物参考资料》1957 年第 8 期，页 44，图 11。河南浚县所出者，见《浚县辛村》图版 94：6、7。

⑪⑭ 辉县赵固 1 号墓所出者，见《辉县发掘报告》页 119，图 139：2、3。长治分水岭所出者，见《考古学报》1957 年第 1 期，页 114，图 4。

⑪⑮ 《长沙发掘报告》页 118，图 96：6。

⑪⑯ 商代方形铜镳，见《考古》1972 年第 4 期，页 27，图 3：11。

⑪⑰ 《浚县辛村》图版 93：3 可以为例。

⑪⑱ 圆形镳，见《浚县辛村》图版 94：2、3。

⑪⑲ 《考古学报》1980 年第 4 期，页 481。《考古》1976 年第 4 期，页 228。

⑫⑩ 《说文·金部》："鑣，镳或从角。"

⑫⑪ 《文物》1973 年第 5 期，页 19，图 15。《寿县蔡侯墓出土遗物》图版 24：1。

⑫⑫ 同注⑮下册，图版 229：2。

中国古马车的三种系驾法

* 原载《自然科学史研究》1984 年第 2 期。

① 中国社会科学院考古研究所河南第二工作队：《河南偃师商城东北隅发掘简报》，《考古》1998 年第 6 期。杜金鹏等：《试论偃师商城东北隅考古新收获》，《考古》1998 年第 6 期。

② 这类形象到战国时才在铜器纹饰中出现，如辉县琉璃阁铜匜（《山彪镇与琉璃阁》）、长岛王沟铜鉴（《文物集刊》2）、平山三汲铜鉴（《考古学集刊》5）、淮阴高庄铜器残片（《考古学报》1988 年第 2 期）、故宫博物院藏铜器残片（《考古》1983 年第 2 期）、A. F. Pillsbury 藏铜壶（B. Karlgren, *A catalogue of the Chinese bronzes in the Alferd F. Pillsbury Collection.* 明尼阿波利斯，1952 年）、美国弗利尔美术馆藏铜鉴（《美帝国主义劫掠的我国殷周铜器集录》A843）等，其年代均不早于公元前 5 世纪。

③ 齐思和：《黄帝的制器故事》（《史学年报》第 2 卷第 1 期，1934 年）说："黄帝最初本

为天神之称，以后逐渐成为传说中之人王……虽时代较晚，而后来居上，其声势之显赫，传说之复杂，则为三皇、五帝中之最。古史传说，至战国末年，既集中于黄帝，其制器故事，自亦较其他传说中之帝王为多。"

④ 见《墨子·非儒篇》、《管子·形势解》、《荀子·解蔽篇》、《世本》（《宋书·礼志》引）、《尸子》、《吕氏春秋·君守篇》、《山海经·大荒北经》及《新语·道基篇》等处。

⑤ 《左传·定公元年》："薛之皇祖奚仲居薛，以为夏车正。"

⑥ 齐思和《黄帝的制器故事》又说："黄帝既为古代传说之中心，制器故事遂亦集中于黄帝，或攘他人之发明归之于黄帝；或以发明者为黄帝之臣；于是黄帝制器之故事，遂日征月迈，愈演愈繁矣。"

⑦ 浙江省文物管理委员会、浙江省博物馆：《河姆渡遗址第一期发掘报告》，《考古学报》1978年第1期。

⑧ 中国硅酸盐学会编：《中国陶瓷史》页6，文物出版社，1982年。

⑨ 《史记·夏本纪》集解引郑玄说。《尚书·甘誓》伪孔传又孔疏。

⑩ 《周礼·考工记》。

⑪ 《诗·秦风·小戎》："阴靷鋈续。"《说文·革部》："靷，所以引轴也。"

⑫ 林寿晋：《周代的虢国文化》，《人民画报》1962年第3期。

⑬ 孙机：《从胸式系驾法到鞍套式系驾法》，《考古》1980年第5期。

⑭ 见本书《始皇陵2号铜车对车制研究的新启示》。

⑮ 见《叔车觚铭》（平凡社《世界考古学大系》卷6，页52）、《父己车鼎铭》（《美帝国主义劫掠我国殷周铜器集录》R487P，A64）、《买车卣铭》（《商周金文录遗》242）。

⑯ 战车群作战时常以横队展开，即《左传·成公十六年》所谓"陈于军中，而疏行首"。又《司马法·定爵篇》谓"凡阵行唯疏"，《淮南子·道应》谓"疏队而击之"，意并同。

⑰ 李学勤：《秦国文物的新认识》，《文物》1980年第9期。

⑱ 《诗·小雅·车攻》，《诗·小雅·车辖》。

⑲ 《左传·隐公九年》，《左传·昭公元年》。

⑳ 《文物资料丛刊》第3辑，页74、75。

㉑ 淮阳双辕车的资料存河南省文物研究所，待刊。秦安秦墓，见《考古与文物》1982年第5期，页33。长沙楚墓漆卮图像，见沈从文：《中国古代服饰研究》页32，商务印书馆，香港，1982年。

㉒ E. M. Jope，"Vehicles and Harness"．载 C. Singer 等主编 A History of Technology．卷2，插图494、506，牛津，1954年。

㉓ 东汉前期之高昂而弯曲的车辕是从独辀车那里沿袭下来的，马王堆3号西汉墓所出帛画车马仪仗图中的辀就是如此。

㉔ 《说文·车部》："辇，大车驾马也。"

㉕ 关野贞：《支那山东省に於ける汉代坟墓の表饰》图192，东京，1916年。

㉖ 原田淑人、驹井和爱：《支那古器图考·舟车马具篇》图版13：1，东京，1937年。

㉗ 《文物参考资料》1958年第6期，封3，图1。此种马车即《永乐大典》卷一八二四五，

十八漾匠字所收元·薛景石《梓人遗制》中所说的"亭子车"。

㉘ 平田宽：《（图说）科学·技术の历史》页136，东京，1985年。

㉙ W. Treue 主编 *Achse, Rad und Wagen*. S.190. 哥廷根，1986年。

商周的"弓形器"

＊ 中国考古学会第八次年会论文，1991年。

① 陈志达：《殷墟武器概述》，载《庆祝苏秉琦考古五十五年论文集》，文物出版社，1989年。

② 石璋如：《小屯殷代的成套兵器》，《历史语言研究所集刊》22本，1950年；同氏：《殷代的弓与马》，同刊35本，1964年。以下所引石说皆据此二文。

③ W. C. White, *Bronze Culture of Ancient China*. Toronto, 1956. 林巳奈夫：《中国殷周时代の武器》，京都，1972年。唐兰：《"弓形器"（铜弓秘）用途考》，《考古》1973年第3期。

④ 见注③唐文。以下所引唐说皆据此文。

⑤ 石璋如：《小屯四十号墓的整理与殷代第一类甲种车的初步复原》，《历史语言研究所集刊》40本下册，1970年。

⑥ 安阳市文物工作队：《殷墟戚家庄东269号墓》，《考古学报》1991年第3期。中国科学院考古研究所安阳发掘队：《安阳殷墟孝民屯的两座车马坑》，《考古》1977年第1期。北京市文物管理处：《北京地区的又一重要考古收获》，《考古》1976年第4期。

⑦ 陕西省博物馆等：《陕西岐山贺家村西周墓葬》，《考古》1976年第1期。

⑧ 见注③所揭林巳奈夫书，插图369。

⑨⑰ 郭宝钧：《一九五〇年春殷墟发掘报告》，《中国考古学报》第5册，1951年。

⑩ 马衡：《凡将斋金石丛稿》，中华书局，1977年。

⑪ 秦建明：《商周"弓形器"为"旌铃"说》，《考古》1995年第3期。

⑫ 唐嘉弘：《殷周青铜弓形器新解》，《中国文物报》1993年3月7日。

⑬ С. В. Киселев, *Древняя история Южной Сибири*. гл. Ⅳ. Москва, 1951.

⑭ П. М. Кожин, К вопросу о происхождении иньских колесниц, ——*Культура народов зарубежной Азии и Океании*, Ленинград, 1969.

⑮㉓ 林沄：《关于青铜弓形器的若干问题》，《吉林大学社会科学论丛·历史专集》，1980年。

⑯ 参看本书《中国古独辀马车的结构》。

⑱ 参看本书《略论始皇陵1号铜车》。

⑲ 《诗·采薇》孔疏引陆玑疏："鱼服，鱼兽之皮也。鱼兽似猪，东海有之。"

⑳ 杨泓：《中国古兵器论丛·骑兵和甲骑具装》，文物出版社，1980年。

㉑ 石璋如：《殷墟最近之重要发现》，《中国考古学报》第2册，1947年。

㉒ 吉谢列夫：《苏联境内青铜文化与中国商文化的关系》，《考古》1960年第2期。

㉔ 乌恩：《试论贺兰山岩画的年代》，《文物》1994年第7期。

注
释

㉕　Э. А. Новгролва, *Древняя Монголия, Некоторые ироблемы хронологии и этнокультурной истории.* Москва，1989．В. В. Волков, *Оленные камни Монголии.* Улан-Батор，1981．

㉖　出土的铜挂钩，见辽宁省文物考古研究所：《辽宁凌源县五道河子战国墓发掘简报》，《文物》1989 年第 2 期；朱贵：《辽宁朝阳十二台营子青铜短剑墓》，《考古学报》1960 年第 1 期；李逸友：《内蒙古昭乌达盟出土的铜器调查》，《考古》1959 年第 6 期；宁城县文化馆等：《宁城县新发现的夏家店上层文化墓葬及其相关遗物的研究》，《文物资料丛刊》第 9 辑，1985 年。传世的铜挂钩，见 E. C. Bunker • C. B. Chatwin • A. R. Farkas，*"Animal Style" Art from East to West.* New York，1970．J. F. So • E. C. Bunker，*Traders and Raiders on China's Northern Frontier.* Seattle and London，1995．东京国立博物馆：《大草原の骑马民族》，东京，1997 年。

辂

＊　原载《文物天地》1991 年第 4 期。

①　《周礼•司常》：“交龙为旂。”

②　《续汉书•舆服志》李贤注引卢植《礼记》注：“有铃曰旂。”

③　中国社会科学院考古研究所、河北省文管处：《满城汉墓发掘报告》上册，页 312，文物出版社，1980 年。

④　《通典》卷六四。

⑤　《梦粱录》卷五称耳不闻帽子为“盖耳帽子”，曳辂者之帽的式样正与之相合。

⑥　H. Hayen，"Der Wagen in europäischer Frühzeit". 载 *Achse，Rad und Wagen.* 哥廷根，1986。

⑦　中国社会科学院考古研究所：《新中国的考古发现和研究》图版 213：2，文物出版社，1984 年。

“木牛流马”对汉代鹿车的改进

＊　原载《农业考古》1986 年第 1 期。

①　刘仙洲：《我国独轮车的创始时期应上推到西汉晚年》；史树青：《有关汉代独轮车的几个问题》，均载《文物》1964 年第 6 期。

②　见刘仙洲《中国古代农业机械发明史》页 91 所引《宋史•杨允恭传》、宋•高承《事物纪原》、宋•陈师道《陈后山集》中诸说。

③　《三国志•蜀志•诸葛亮传》裴松之注引。

④⑤　《三国志•蜀志•诸葛亮传》。

⑥　《说文•车部》：“辇，车鞣规也。一曰：一轮车。”

⑦　同注①所揭刘文。

⑧　四川省博物馆：《四川彭县等地新收集到一批画像砖》，《考古》1987 年第 6 期。

⑨　河南陕县刘家渠 8 号东汉墓中，绿釉的羊尊与鹿尊同出，见《考古学报》1965 年第

1 期。

⑩ 括弧内引文均见《诸葛亮传》裴注引《作"木牛、流马"法》。

⑪ 《说文·系部》："缲,马纼也。"《方言》卷九："车纼,自关而东,周洛韩郑汝颍而东,谓之纼。"《释名·释车》："鞧,道也,在后道迫,使不得却缩也。"

⑫ 蒋英炬:《略论山东汉画像石的农耕图像》,《农业考古》1981 年第 2 期。

唐代的马具与马饰

* 原载《文物》1981 年第 10 期。

① 六经无"骑"字(明·杨慎《丹铅总录》卷一一),惟《左传·昭公二十五年》云:"左师展将以公乘马而归。"自南宋·吴曾《能改斋漫录》以来,皆认为这是乘马之始。参看蓝永蔚:《春秋时期的步兵》页 13,中华书局,1979 年。

② 《汉书·韦贤传》。

③ 《资治通鉴》卷一九二:"梁武帝君臣唯谈苦空,侯景之乱,百官不能乘马。"当时的社会风气于此可见一斑。但统治者猜忌防范,臣僚不敢轻易练习骑马,也是原因之一。《梁书·南郡王大连传》记梁武帝问大连与其兄大临:"汝等习骑不?"回答是:"臣等未奉诏,不敢辄习。"皇孙犹如此,他人更可想而知。参看周一良:《魏晋南北朝史札记·〈宋书〉札记》"刘义庆传'世路艰难'与'不复跨马'"条,中华书局,1985 年。

④ 汉代人称坐马鞍为"踞鞍",如《史记·留侯世家》:"汉王下马踞鞍而问。"但踞是不礼貌的。陆贾奉使见南越王尉陀,陀箕踞。后自谢曰:"居蛮夷中,殊欠礼仪。"《史记·游侠列传》:"(郭解)出入,人皆避之。有一人独箕踞视之。解……客欲杀之。"可见这种姿势会引起人的反感。

⑤ 见 А. В. Арциховский,*Основы археологии*,стр. 196. 莫斯科,1955 年。参看 A. D. H. Bivar, "The Stirrup and its Origins", *Oriental Art*, NS., Vol. 1, No. 2, 1955. 增田精一:《镫考》,《史学研究》81 号,1971 年。

⑥ 《初学记》卷二二引。

⑦ 武威地区博物馆:《甘肃武威南滩魏晋墓》,《文物》1987 年第 9 期。

⑧ 湖南省博物馆:《长沙两晋南朝隋墓发掘报告》,《考古学报》1959 年第 3 期。

⑨ 中国社会科学院考古研究所安阳工作队:《安阳孝民屯晋墓发掘报告》;中国社会科学院考古研究所技术室:《安阳晋墓马具复原》,均载《考古》1983 年第 6 期。

⑩ 见《文物》1972 年第 11 期,页 40。但《武威雷台汉墓》(《考古学报》1972 年第 2 期)曾谓该墓出土的铜马俑上有彩画的镫。然而根据实物观察,未发现镫的痕迹。从雷台铜骑俑上骑者腿部的姿势看,他们并未蹬镫。

⑪ 《梁书·曹景宗传》中记这位将军的话说:"今来扬州作贵人,动转不得,……闭置车中,如三日新妇。遭此邑邑,使人无气。"

⑫ 《唐会要》卷三一载太和六年敕:"妇人本合乘车,近来率用檐子,事已成俗。"

⑬ 《新唐书·车服志》。

⑭ 杜诗见《杜工部集》卷九。白诗见《白香山诗集·长庆集》卷一五。

⑮ 此据慧琳《一切经音义》卷一一引。今本《说文》作："衔，马勒口中也。"应予乙正。

⑯ 椭圆形板状镳在安阳孝民屯 154 号前燕墓，朝阳袁台子后燕墓，及本溪小市，集安七星山 96 号、万宝汀 78 号高句丽墓中均出。

⑰⑤¹ А. А. Гаврилова, *Могильник Кудыргэ*，莫斯科，1965 年。

⑱ 富平县文化馆等：《唐李凤墓发掘简报》，《考古》1977 年第 5 期。中国社会科学院考古研究所：《唐长安城郊隋唐墓》页 39，图版 60：2，文物出版社，1980 年。王炳华：《盐湖古墓》，《文物》1973 年第 10 期。张柏忠：《科左后旗呼斯淖契丹墓》，《文物》1983 年第 9 期。

⑲ 于省吾：《读金文札记五则》，《考古》1966 年第 2 期。

⑳ 辽宁省博物馆文物队等：《朝阳袁台子东晋壁画墓》，《文物》1984 年第 6 期。黎瑶勃：《辽宁北票县西官营子北燕冯素弗墓》，《文物》1973 年第 3 期。

㉑ 吉林省博物馆文物工作队：《吉林集安的两座高句丽墓》，《考古》1977 年第 2 期。集安县文物保管所：《集安两座高句丽积石墓的清理》，《考古》1979 年第 1 期。

㉒ 新罗鞍桥，见梅原末治：《庆州金铃塚饰履塚发掘报告》（大正十三年度古迹调查报告），1932 年。金载元、金元龙：《壶杅塚与银铃塚》（国立博物馆古迹调查报告 1），1948 年。文化财管理局庆州古坟发掘调查团：《天马塚发掘报告书》1，1975 年。栃木县助户古坟的鞍桥见《日本原始美术大系·武器、装身具》（图版 223），讲谈社，1978 年。奈良县藤之木古坟的鞍桥见《藤ノ木古坟の谜》，朝日新闻社，1989 年。

㉓ 见注⑱所揭王炳华文。

㉔ 独孤思敬墓出土的斑釉陶马俑见《唐长安城郊隋唐墓》图版 67：2。阿斯塔那出土的彩绘泥马俑见《新疆出土文物》图版 101，文物出版社，1975 年。

㉕ 李诗见《全唐诗》三函四册，刘诗见同书五函六册。

㉖㊲ 夏鼐：《西安唐墓中出土的几件三彩陶俑》，《文物精华》第 1 册，1959 年。

㉗ 《宋史·仪卫志·六》。

㉘㉜ A. U. Pope, *A Survey of Persian Art*. Vol. 7, PP. 208 ~ 218，伦敦—纽约，1938 年。

㉙ 《白香山诗集·后集》卷一五。

㉚ 《全唐诗》十函五册。浦江清：《花蕊夫人宫词考证〔附录 1〕·花蕊夫人宫词校定本》，《开明书店二十周年纪念文集》，中华书局，1985 年。

㉛ 《宋史·舆服志》二。

㉝ 周世荣《长沙赤峰山 3、4 号墓》，《文物》1960 年第 2 期。

㉞ И. А. Орбели, К. В. Тревер, *Сасанидский металл*, табл. 20. 莫斯科—列宁格勒，1935 年。

㉟ 宋·叶隆礼：《契丹国志》卷一四《辽史·义宗传》。田村实造：《中国征服王朝の研究·下·文化、文物篇》页 194 ~ 199，京都，1985 年。

㊱ 因此饰带（跋尘）出现于晚唐，所以凡在鞍马上出现此带的画则不能早于此时。如《中国美术全集·绘画编·2》所举（传）阎立本《职贡图》、（传）韦偃《双骑图》等画中的马，均饰有此带，故时代应晚得多。又故宫博物院藏《百马图》，在《中国历代绘画》1（页 71 ~ 73）、《中国美术全集·绘画编》2（图 29）等处均为唐画，但图中之马所悬跋尘上已缀有缨拂，且图中人物所戴幞头亦具有五代时的特点，故此画不能早于

五代。又故宫博物院藏（传）胡瓌《番骑图》，《中国美术全集·绘画编》2（图56）定为五代时的作品。但画中的马系上下两条鞦带，下面那条鞦带悬跋尘。画中男子的帽下露出发环，应剃婆焦。画中妇女戴姑姑冠（其姑姑冠在徐邦达《古书画伪讹考辨〔上〕·文字部分》页146已言及）。故此画显然出于元人之手。

㊳ O. Maenchen‑Helfen, "Crenelated Mane and Scabbard Slide", *Central Asiatic Journal*, Vol. 3. 1957～1958. E. Esin, The Horse in Turkic Art, 同上《志》, Vol. 10, 1965. 又注⑰所揭 A. A, Гаврилова 书。

㊴ 关于这个问题，原田淑人先生在1912年写的《昭陵の六骏石像に就いて》（载《东亚古文化研究》）一文中，对于唐代是否有剪鬃成五花的马尚持怀疑态度。但在1961年定稿的《三花马·五花马》（载《东亚古文化论考》）一文中，却肯定了唐代有这种马饰。本文所引杜诗见《杜工部集》卷一，岑诗见《岑嘉州诗》卷二。再如李白诗"五花马，千金裘，呼儿将出换美酒"、杜甫诗"萧萧千里马，个个五花文"、岑参诗"骢马五花毛"、毛文锡词"香鞯镂襜五花骢"（此据《花间集》，《全唐诗》作"五色骢"）等处之五花马，都意味着良马。五花指其体质特征，不应仅指其装饰。《杜阳杂编》卷上说代宗时范阳贡马，"以身被九花文，故号九花虬"，亦是此义。

㊵ 杨泓：《中国古兵器论丛·骑兵和甲骑具装》页95，文物出版社，1985年。

㊶ T. N. 杜普伊：《武器和战争的演变》（李志兴等译本）页48，军事科学出版社，1985年。

㊷ 见《宋书·武帝纪》。所称"鲜卑具装"应指鲜卑式具装，并非鲜卑人在南朝充突骑。西晋季世，华夷之辨，徙戎之议，已甚嚣尘上。永嘉乱后，南北对峙，民族感情一时难以调和。南朝君臣不仅敌视胡族，就连北方汉族边民避乱南迁者，对之也并不放心。《宋书·刘勔传》中甚至说："从来信纳，皆贻后悔。"南朝武力中，伧楚壮士，江东吴兵，素称骁勇，未闻以鲜卑甲骑组成精锐军团者。果尔，一旦有事，变起肘腋，局面将不可收拾。被俘北兵除个别人外，在南朝多沦为奴隶，见《南史·侯景传》。这些人虽未必尽是鲜卑，但无疑应包括一部分鲜卑人。

㊸ 磁县文化馆：《河北磁县东魏茹茹公主墓发掘简报》，《文物》1984年第4期。

㊹ 洛阳博物馆：《洛阳北魏元邵墓》，《考古》1973年第4期。

㊺ 咸阳市文管会、咸阳博物馆：《咸阳市胡家沟西魏侯义墓清理简报》，《文物》1987年第12期。山西省考古研究所、太原市文物管理委员会：《太原市北齐娄睿墓发掘简报》，《文物》1983年第10期。

㊻㊽ 唐·温大雅：《大唐创业起居注》卷一。

㊼㊿ 唐长孺等编：《汪篯隋唐史论稿·唐初之骑兵》，中国社会科学出版社，1981年。

㊾ 《旧唐书·突厥传》。《新唐书·史大奈传》。

52 见十卷本《和名抄》卷五。

53 郭佳：《湖北地区古墓葬的主要特点》，《考古》1959年第11期。

54 杨泓：《中国古兵器论丛·中国古代的甲胄》页42、43；同作者《海东文物话寄生》，《文物天地》1988年第4期。

55 东潮：《蛇行状铁器考》，《橿原考古学研究所论集》7，东京，1984年。

56 安徽省文物工作队：《安徽六安东三十铺隋画像砖墓》，《考古》1977年第5期。

(57) 《文苑英华》卷二〇九。

(58) 《杜工部集》卷二。“凿蹄”一本作“斵蹄”。

(59) 蹄铁问题参看谢成侠《中国养马史》页46、47，及张仲葛《中国古代畜牧兽医方面的成就》（载《中国古代科技成就》）页413。

(60) 相马隆在《轮镫源流考》（载《流沙海西古文化论考—シルクロードの东西交流》，东京，1977年）一文中曾举出阿尔泰地区伯莱利河流域一座积石墓中出土的铁马镫。按阿尔泰地区卡童河、伯莱利河、乌尔苏耳河和乌拉干河一带的积石墓多属公元前3世纪，但上述那座墓的时代不明确，可能要晚得多。阿尔泰地区的这批古墓葬凡是时代能确定在公元4世纪以前的，均不出马镫。

(61) Xenophon, Cyropaedia, Ⅰ, iv, 8; Ⅳ, ii, 28. C. I. Caesar, Bellum Gallicum, Ⅳ, 2.

(62) 加文·汉布里主编：《中亚史纲要》（吴玉贵译本）页84，商务印书馆，1994年。

(63) 阿里·玛扎海里：《丝绸之路，中国—波斯文化交流史》（耿昇译本）页296，中华书局，1993年。

(64) Л. А. Евтюхова, *Археологические памятники енисейскнх кыргызов (хакасов)*, 阿巴干，1948年。

(65) E. M. Jope, Vehicles and Harness, *A History of Technology*. Vol. 2, p. 557，牛津，1956年。